ARCHITEKTURFÜHRER WINTERTHUR

EIN FÜHRER ZUR BAUKUNST IN WINTERTHUR VON 1925 BIS 1997

GILBERT BROSSARD
DANIEL OEDERLIN

D1660998

vdf HOCHSCHULVERLAG AG AN DER ETH ZÜRICH

Die Deutsche Bibliothek – CIP-Einheitsaufnahme

Architekturführer Winterthur / Gilbert Brossard ; Daniel Oederlin. –
Zürich : vdf, Hochschulverl. an der ETH
Bd. 2. Ein Führer zur Baukunst in Winterthur von 1925 bis 1997. – 1997
ISBN 3-7281-2402-8

Layout/Satz:	Gilbert Brossard, Daniel Oederlin
Lithos/Druck:	Cavelti AG, Gossau
Umschlag-Gestaltung:	Fred Gächter, Oberegg
Umschlag-Abbildung:	Siedlung Leimenegg / Hermann Siegrist / 1930-1932
	Foto: H. Finsler 1932, Stadtbibliothek Winterthur

Die Katasterpläne wurden mit Bewilligung des Vermessungsamtes der Stadt Winterthur vom 30. Januar 1997 reproduziert, die Massenpläne mit Bewilligung des Stadtarchives Winterthur. Die Landeskarte auf Seite 20 wurde mit Bewilligung des Bundesamtes für Landestopographie vom 12. Februar 1997 reproduziert.
Für die Reproduktion der Baupläne liegt die Bewilligung der Bauherren oder der Architekten vor.

© 1997
vdf Hochschulverlag AG an der ETH Zürich

ISBN 3 7281 2402 8

Der vdf auf Internet: http://vdf.ethz.ch

INHALT

Vorwort, Einleitung		6-7
Geschichte von Winterthur 1920-1990		9-19
Übersichtsplan von Winterthur		20-21
Quartiere:	Altstadt, Ringzone, Bahnareal	22-43
	Inneres Lind, St. Georgen	44-59
	Äusseres Lind, Rychenberg, Im Lee	60-79
	Veltheim, Rosenberg	80-97
	Neuwiesen, Schützenwiesen	98-105
	Wülflingen, Niederfeld, Hard	106-127
	Brühlberg, Tössfeld	128-149
	Töss, Nägelsee	150-163
	Heiligberg, Breite, Vogelsang	164-181
	Mattenbach, Deutweg, Grüzefeld	182-209
	Seen, Oberseen	210-225
	Oberwinterthur, Stadtrain, Zinzikon	226-253
Biografien bedeutender Architekten in Winterthur		255-263
Verzeichnisse:	Personenverzeichnis	264-269
	Bautenverzeichnis nach Funktionen	270-279
	Anmerkungen, Literaturverzeichnis	280-285
	Fotonachweis, Kontaktadressen	286-288

DANK

Bildersammlung der Stadtbibliothek Winterthur:	Felix Kellermüller
	Anna C. Stiefel
Fotofachklasse der Schule für Gestaltung Zürich:	Ulrich Görlich
Kanzlei Baupolizeiamt:	Maya Vettiger
Kontaktvermittlung:	Dr. Peter Hauser
	Dr. Dieter Kläy
	Hans Weishaupt
	Urs Widmer
Lektorat:	Reneé du Bois-Reymond
	Georges Brossard
	Kerstin Gellusch
	Andrea Hauser
	Fred Oederlin
Stadtarchitekt:	Ulrich Scheibler
Stadtarchiv Winterthur:	Alfred Bütikofer

SPONSOREN

- Bank Leu
- Brack Hoch- und Tiefbau AG
- Bundesamt für Kultur
- Corti & Cie. AG Baugeschäft Hoch- und Tiefbau
- Fonds für gemeinnützige Zwecke des Kantons Zürich
- Frutiger Baumaschinen & Co.
- Gebrüder Hunziker AG Ingenieurunternehmung
- Hüppi AG Strassen- und Tiefbau
- Lerch AG Bauunternehmung
- Frau Eva Lienhard-Moeschlin
- Paul-Reinhart-Stiftung
- Johann-Jakob-Rieter-Stiftung
- Rohner & Spiller Lichtpaus- und Reprografiebetrieb
- Schneider Dämmtechnik AG
- Schweizerische Bankgesellschaft
- Stadt Winterthur
- Sulzer AG
- Malergeschäft Traxler
- Volkart-Stiftung
- Wernergraf Baukeramik AG
- Winterthur Versicherungen
- Winterthurer und Schweizer Heimatschutz
- Zürcher Kantonalbank

VORWORT

Zwei junge, engagierte Autoren legen mit diesem zweiten Band einen Winterthurer Architekturführer vor, der die Zeitspanne von 1925 bis 1997 umfasst. An 104 beschriebenen Objekten und 75 weiteren sehenswerten Bauten werden die Bauentwicklung in Winterthur von den Anfängen der Moderne bis heute und ein Stück Winterthurer Architekturgeschichte der jüngeren Vergangenheit aufgezeigt.

Bei allem Bemühen um Vielfalt und Objektivität ist das vorliegende Material eine Auswahl aus heutiger Sicht, ohne Anspruch auf Vollständigkeit. Vielleicht wird nicht alles einer späteren Kritik standhalten.

Architektur lässt sich nicht nur mit Plan, Bild und Text darstellen, sie braucht ein Erleben vor Ort. Dieser Architekturführer, als handliches und übersichtliches Nachschlagewerk gestaltet, ist ein Arbeitsinstrument für ein interessiertes Publikum und soll zur kritischen Auseinandersetzung und zur konstruktiven Beschäftigung mit der gebauten Umwelt anregen und für die Winterthurer Baukultur sensibilisieren.

Städtebau und Architektur sind öffentliche Anliegen; die Öffentlichkeit wird täglich damit konfrontiert. Bauen ist nicht nur eine wirtschaftliche und kommerzielle Tätigkeit, sondern auch als kulturelle Aufgabe und Verantwortung gegenüber der Öffentlichkeit zu verstehen, die von den Bauherren, Architekten und Baubehörden wahrgenommen werden müssen.

Ulrich Scheibler, Stadtarchitekt Winterthur

EINLEITUNG

Die Bauobjekte wurden aufgrund ihrer kulturhistorischen Bedeutung, ihrer städtebaulichen Prägnanz und ihrer architektonischen sowie konstruktiven Qualität ausgewählt. Um zu verhindern, dass der Einzelbau zu grosse Bedeutung erhält, wurde für jedes Jahrzehnt eine repräsentative Auswahl von Gebäuden bestimmt. Unter der Kategorie "weitere sehenswerte Bauten" finden sich zusätzliche Bauwerke, die eine grössere Aufmerksamkeit verdienen. Wann immer es möglich war, wurden die Gebäude in ihrem ursprünglichen Zustand dargestellt, d.h. mit einem historischen Foto und den Bauplänen. Umfasst eine Siedlung verschiedene Strassen und mehrere Hausnummern, wurden im Titel aus Platzmangel nur die wichtigsten angegeben. Stammt der Architekt nicht aus Winterthur, so ist der Ort seines damaligen Büros angegeben. Bei Architektengemeinschaften sind nur die Nachnamen aufgeführt. Waren mehrere Architekten für ein Bauwerk verantwortlich, sind hier die wichtigsten erwähnt. Die Baujahre am Anfang beziehen sich immer auf den Baubeginn und die Vollendung eines Gebäudes. Alle weiteren Daten bezeichnen die einschneidensten Bauveränderungen. Die Pläne sollen vor allem die Struktur eines Bauwerkes aufzeigen. Sie sind nach den Fotos ausgerichtet und von unten nach oben beziehungsweise von links nach rechts wie folgt angeordnet: Keller-, Erd-, Ober-, Dachgeschoss, Schnitte. Zur Verdeutlichung wurden sie teilweise digital überarbeitet. Die Texte beinhalten mit unterschiedlicher Gewichtung hauptsächlich den historischen Hintergrund, die städtebauliche Situation, architektonische Besonderheiten und allfällige Veränderungen der Gebäude. Diese Publikation entstand im Rahmen einer Diplomwahlfacharbeit bei Herbert E. Kramel, Professor für Entwurf und Konstruktion an der ETH Zürich. Es besteht zu diesem Band noch ein zweiter, auf den mit der Abkürzung "(Bd1)" verwiesen wird.

Gilbert Brossard und Daniel Oederlin

GESCHICHTE VON WINTERTHUR 1920-1990

Der Funktionalismus als neues Gestaltungsprinzip	11
Das "Neue Bauen" in einem schwierigen Umfeld	13
Die Moderne und der wirtschaftliche Aufschwung	15
Die Postmoderne und der Wachstumsschock	17
Umnutzen und Verdichten als Folgen der Rezession	19

Dieser kurze Geschichtsüberblick beginnt mit der baulichen Umsetzung der Ideen des "Funktionalismus" und des "Neuen Bauens" und endet mit der Architektur der Gegenwart. Die 70 Jahre wurden thematisch gegliedert, um überblickbare Zeiträume von 10 bzw. 20 Jahren zu erhalten. Da sich Geschichte nicht linear entwickelt, überschneiden sich die Kapitel bewusst. Das Ziel war es, die einzelnen Bauwerke in einen historischen Kontext einzubinden. Massenpläne illustrieren jeweils das Ausmass der Verdichtung der Stadt und vermitteln so eine Momentaufnahme der quantitativen Ausdehnung der Stadt Winterthur in den Jahren 1920, 1930, 1950, 1970, 1990.

DER FUNKTIONALISMUS ALS NEUES GESTALTUNGSPRINZIP

Die Abkehr von traditionellen Bauformen entstand aus der Suche nach neuen Bautypen für Probleme, welche die Industrie, der Verkehr und die Grossstadt stellten. Die an polytechnischen Schulen ausgebildeten Ingenieure entwickelten für die Lösung dieser Bauaufgaben neue Baumaterialien, wie z.B. Gusseisen, Portlandzement, gezogenes Tafelglas, Profilträger, Stahlseile und Eisenbeton. Diese standen dank industrieller Fertigung preiswert und in Massen zur Verfügung. Damit konnte in ungewohnten Dimensionen gebaut werden. Mit dem Bau von Brücken, Fabriken, Bahnhöfen und Grosskaufhäusern, für deren Typologie keine Vorbilder existierten, entstand eine neue Tradition des technischen Bauens mit einer eigenen Ästhetik. Ihre Prinzipien sind Sachlichkeit, Sparsamkeit, konstruktive Klarheit und funktionelle Korrektheit.[1] Mit der These "form follows function" definierte der amerikanische Architekt Louis Sullivan den Funktionalismus, welcher als wesentliches Gestaltungsprinzip der modernen Architektur gilt.[2]
In Winterthur enstand von 1930 bis 1931 auf dem Sulzerareal mit dem Werkgebäude 87 ("Rundbau") ein wichtiger Vertreter dieses Anliegens. Der genietete Eisenskelettbau ist mit einer vorgehängten Fassadenkonstruktion verkleidet. In der Zwischenkriegszeit entstanden weitere Industriehallen, welche von den dafür spezialisierten Firmen Locher und Cie. und Geilinger gebaut wurden. Das Gewerbe liess seine Zweckbauten aus wirtschaftlichen Gründen ebenfalls in sachlicher Architektursprache errichten. 1925 erstellten die Gebrüder Pfister in nur sechs Monaten zwei Hallen für ein Unterwerk der NOK in Töss. Leider wurden diese frühen Zeugen des "Neuen Bauens" 1989 abgerissen. Repräsentative Gebäude wurden nach wie vor im historisierenden Stil errichtet, z.B. das zwischen 1928 und 1929 von Lebrecht Völki erbaute Verwaltungsgebäude für Sulzer.[3]

1930

DAS "NEUE BAUEN" IN EINEM SCHWIERIGEN UMFELD

Mit den Eingemeindungen von 1922 entstand für die Stadt Winterthur eine Fülle neuer Aufgaben, wie z.B. Schul-, Sozial- und Verkehrsbauten sowie die Verbesserung der Kanalisation und der Energieversorgung, vor allem in den Aussenquartieren, wo ein grosser Nachholbedarf bestand.[4] Es galt aber auch die Wohnungsnot zu lindern und die bauliche Entwicklung zu steuern. Diese Herausforderungen fielen jedoch in ein schwieriges wirtschaftliches und politisches Umfeld, da 1929 die weltweite Wirtschaftskrise einsetzte und durch den Nationalsozialismus die Existenz der Schweiz bedroht war. Die nüchterne Architektur des "Neuen Bauens" traf in dieser Weltlage nicht den Geschmack der Allgemeinheit, die mit dem Ausbruch des zweiten Weltkrieges 1939 im "Landi-" und "Heimatstil" eine patriotische Identifikation fand.[5] Das "Neue Bauen" wurde nur von einer kleinen intellektuellen Schicht verstanden. Trotzdem realisierte die Stadt die Kindergärten an der Lind-, Büelhof- und Emil-Klötistrasse, das Schulhaus Lindberg und die Schwimmbäder Wolfensberg und Geiselweid im modernen Sinn. Auch die Genossenschaften erkannten bald die Vorteile für den Wohnungsbau. Mit den Siedlungen Stadtrain und Hegmatten wurde die Gartenstadtidee weitergeführt. Zwischen 1930 und 1932 erhielt Winterthur mit der Siedlung Leimenegg ihre Ikone des "Neuen Bauens". Die wenigen modernen Landhäuser die gebaut wurden, zeugen von der Aufgeschlossenheit der intellektuellen Oberschicht.[6] Im zweiten Weltkrieg führte die Landflucht zu einer Wohnungsnot, so dass die Stadt den Wohnungsbau durch niedrige Hypothekarzinsen förderte. Diese "Innenkolonien" waren infolge der Rohstoffknappheit vor allem aus Holz erbaut. Mit Waldrodungen im Hard wurde die landwirtschaftliche Selbstversorgung gesichert.[7] Nachdem 1945 der Krieg unversehrt überstanden war, galt es nun, das öffentliche Leben zu normalisieren.

1950

DIE MODERNE UND DER WIRTSCHAFTLICHE AUFSCHWUNG

Der wirtschaftliche Aufschwung in den 1950er Jahren führte zu einem Zustrom von ausländischen Arbeitskräften und somit zu einer Verschärfung der Wohnungsnot. Trotz einer regen Bautätigkeit konnte die Situation nicht verbessert werden. Die Baukosten stiegen. 1951 waren die Kredite aufgebraucht, die der Stadtrat seit 1940 für die Wohnbauförderung bereitstellte.[8] 1953 lag die Bevölkerungszahl von Winterthur bei 70'000[9], bis 1967 stieg sie auf 91'000[10] an. In den rasch wachsenden Quartieren mussten Schulhäuser, Kindergärten und Schwimmbäder gebaut werden. Die Überalterung der Bevölkerung und die Altersfürsorge erforderten neue Wohnungen und Altersheime für Betagte. Der Ausbau des öffentlichen Verkehrs und der Strassen kam dem steigenden Bedarf an Mobilität nach. Damit wuchs die Zahl der Motorfahrzeuge, die auch die Altstadt eroberten. 1964 wurde mit dem Bau der Autobahn A1 durch das Schlosstal begonnen.[11] Neue Methoden in der Herstellung und Fertigung von Eisenbeton führten zur Industrialisierung im Bauwesen. Um der Authentizität der Architektur gerecht zu werden, wurde der Beton sichtbar belassen.[12] Der Begriff "Wohnmaschine" verdeutlicht auch die fortschreitende Technisierung des Alltages.[13] Von 1965 bis 1968 förderte die Stadt mit der Überbauung Grüzefeld den sozialen Wohnungsbau.[14] Solche Grossüberbauungen mit Wohnhochhäusern entsprachen den neuen Stadtvorstellungen, wie sie Le Corbusier postuliert hatte. 1966 bekam die Stadt mit dem Bürohochhaus von Sulzer das höchste Gebäude der Schweiz.[15] Damit manifestierten sich das ungebremste Wachstum und der Glaube an eine zukünftige Grossstadt Winterthur, die mit der Nähe zum Flughafen Zürich Standortgunst besass. Der steigende Energiebedarf wurde 1969 mit der Inbetriebnahme des Atomkraftwerkes Beznau befriedigt.[16] Alles schien für die Konsumgesellschaft fast grenzenlos möglich zu sein.

DIE POSTMODERNE UND DER WACHSTUMSSCHOCK

Die Hochkonjunktur hatte ihre Kehrseite: Die Wegwerfmentalität führte zu hohen Abfallhalden. 1965 wurde die Kehrichtverbrennungsanlage gebaut und 1966 die Kläranlage Hard erweitert. Mit der Erdölkrise von 1973 wurde der Industriestadt ihre Abhängigkeit von den erdölexportierenden Ländern bewusst. Sonntagsfahrverbote machten die Ressourcenabhängigkeit am eigenen Leib spürbar.[17] Der Strassenbau und die fortschreitende Umweltzerstörung wurden nicht mehr kritiklos hingenommen. Mit der Annahme der Volksinitiative für ein autofreies Stadtzentrum wurde 1973 ein Zeichen gesetzt.[18] Als ab 1974 die Schulden der Stadt wuchsen und die Arbeitslosigkeit nach langer Zeit wieder einsetzte, realisierte die Wohlstandsgesellschaft, dass sie über ihre Verhältnisse gelebt hatte. Abwanderung von Gastarbeitern, Geburtenrückgang und Stadtflucht liessen 1978 die Bevölkerung auf 89'000[19] Einwohner schrumpfen. Überkapazitäten im Baugewerbe führten zu einem ruinösen Preiskampf. Obwohl die Bautätigkeit unvermindert anhielt, waren kaum billige Wohnungen vorhanden, da Bauland teuer war und wenige Gutverdienende immer mehr Wohnraum beanspruchten.[20] 1979 wurde mit dem Theater am Stadtgarten das kulturelle Angebot erweitert.[21] Es wurde mit neuen Materialien wie Corten und Blei als Fassadenverkleidungen experimentiert. Mit bunten Farben, Ornamenten und Rückgriffen auf historische Bauformen lehnten sich die postmodernen Architekten bewusst gegen die Nüchternheit und Funktionalisierung der Umwelt auf. Damit trat die wachsende Orientierungslosigkeit einer schnellebigen Gesellschaft zutage, die hoffte, an die blühenden 1960er Jahre anknüpfen zu können. 1987 lenkte die neue Bau- und Zonenordnung den Bauboom in geordnete Bahnen. Gleichzeitig wurde mit der S-Bahn der öffentliche Verkehr attraktiver und die Bahnhofsnähe für Investoren interessant.[22]

1990

UMNUTZEN UND VERDICHTEN ALS FOLGEN DER REZESSION

Der Börsencrash von 1987 bereitete der überhitzten Konjunktur ein jähes Ende, und eine weltweite Rezession setzte ein. Da die Grundstückspreise, die Arbeitslöhne, die Sozialabgaben, die Steuern und der Wechselkurs im Vergleich zu anderen Ländern hoch waren, verlagerten die Industriebetriebe einen grossen Teil ihrer Produktion ins Ausland, um wettbewerbsfähig zu bleiben. Die Verschiebung der Arbeitsplätze vom industriellen Sektor zum Dienstleistungssektor wirkten sich in einer steigenden Arbeitslosigkeit und in einer Zunahme von brachliegenden Industriearealen aus. 1990 zeigten sich mit dem Projekt für eine Umnutzung des Sulzer-Areals im Tössfeld neue Perspektiven für die Stadtentwicklung. Dieses einmalige Industriedenkmal sollte zu einem Ort des Arbeitens, des Wohnens und der Kultur umgenutzt werden. Trotz des Stadtmarketings gestaltete sich die Suche nach Investoren schwieriger als erwartet, da mittlerweile der Liegenschaftenmarkt durch ein Überangebot zusammengebrochen war. Inzwischen haben sich das kulturelle Leben und die Freizeitindustrie in den leeren Hallen eingenistet. Dass durch das "S-Bahn-Zeitalter" die Nähe zum Bahnhof zu einem Standortvorteil wurde, zeigen der Umbau und die Umnutzung des Volg-Lagergebäudes als Büro-, Wohn- und Hotelkomplex sowie das Projekt des Telecom-Hochhauses. Obwohl sich der Wohnungsmarkt entspannt hat, fehlt es nach wie vor an günstigem Wohnraum. Hohe Erstellungskosten und Bodenpreise sowie gesetzliche Auflagen verlangen eine rationale und einfache Bauweise. Für die Stadt Winterthur wird es von grosser Bedeutung sein, mit einer innovativen Stadtentwicklung neue Arbeitsplätze zu schaffen, genügend attraktiven Wohnraum für alle sozialen Schichten bereitzustellen und eine Vielfalt an Kultur- und Berufsbildungsmöglichkeiten anzubieten, um die Standortattraktivität zu fördern.

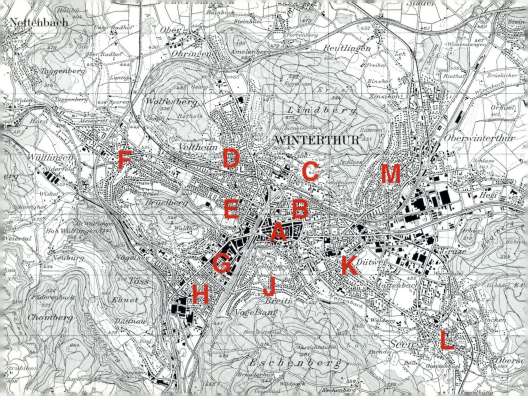

ÜBERSICHTSPLAN VON WINTERTHUR

A	Altstadt, Ringzone, Bahnareal	A1-A10, a11-a22
B	Inneres Lind, St. Georgen	B1-B7, b8-b11
C	Äusseres Lind, Rychenberg, Im Lee	C1-C9, c10-c16
D	Veltheim, Rosenberg	D1-D8, d9-d15
E	Neuwiesen, Schützenwiesen	E1-E3, e4-e7
F	Wülflingen, Niederfeld, Hard	F1-F10, f11-f12
G	Brühlberg, Tössfeld	G1-G10, g11-g15
H	Töss, Nägelsee	H1-H6, h7-h16
J	Heiligberg, Breite, Vogelsang	J1-J8, j9-j13
K	Mattenbach, Deutweg, Grüzefeld	K1-K13, k14-k21
L	Seen, Oberseen	L1-L7, l8-l10
M	Oberwinterthur, Stadtrain, Zinzikon	M1-M13, m14-m22

Die Einteilung des Siedlungsgebietes von Winterthur erfolgte nach historisch-gestaltmässigen Gesichtspunkten. Die beschriebenen Grenzen sind eher als Überschneidungszonen zu verstehen. Insbesondere gilt dies für die grossen Ausfallachsen, welche ebenso trennende wie verbindende Elemente darstellen. Es werden nur jene Quartierbegriffe verwendet, welche sich für grössere Gebiete durchgesetzt haben. Die Bauobjekte sind so numeriert, dass eine reizvolle Route entsteht, welche mit dem Fahrrad oder mit den öffentlichen Verkehrsmitteln am besten zu bewältigen ist.

Beschriebene Bauten:

A1	SUVA Verwaltungsgebäude / Lagerhausstrasse 15-19 / Stutz & Bolt / 1992-1994	
A2	Volkshaus / Meisenstrasse 2, 4 / Kellermüller & Hofmann / 1937-1938	
A3	Wohn- und Geschäftshaus Scherrer / Corrodistrasse 2 / Hermann Siegrist / 1938-1939	
A4	Kulturhaus Loge / Oberer Graben 6 / Schwarz & Meyer, Zürich / 1988-1991	
A5	Gartenhotel / Stadthausstrasse 4 / Franz Scheibler / 1955-1956, 1996-1997	
A6	Kaufhaus Hasler / Marktgasse 70 / Fritschi, Zangerl & Sträuli / 1931-1933	
A7	Wohn- und Geschäftshaus Zwicker / Untertor 4 / Hauser & Ruf / 1937 (Bd2 a19)	
A8	Zürcher Kantonalbank / Untertor 30 / Ulrich Baumgartner / 1976-1981	
A9	Altstadt Apotheke / Stadthausstrasse 131 / Ulrich Scheibler / 1963-1964, 1988-1989	
A10	Geschäftshaus / Stadthausstrasse 14 / Roland Rohn, Zürich / 1964-1968, 1992	

Weitere sehenswerte Bauten:

a11	Schweizerische Mobiliar / Technikumstrasse 79 / Franz Scheibler / 1959	
a12	Technikum Physikgebäude / Technikumstrasse 9 / Hans Suter, Zürich / 1958-1961	
a13	Technikum Mensa und Bibliothek / Technikumstrasse 36 / Ulrich Baumgartner / 1979	
a14	Alte Kaserne / Technikumstrasse 8 / Cerfeda, Fent, Zollinger / 1992 Umbau	
a15	Elektrizitätsunterwerk / General Guisan-Strasse / Piotrowski & Bovet / 1995	
a16	Optiker Eisen / Marktgasse 16 / Schneider & Prêtre / 1992	
a17	Buchhandlung Vogel / Marktgasse 41 / Joachim Mantel / 1990 Ladenumbau	
a18	Wohn- und Geschäftshaus Liaskovski / Untertor 16 / W. Ramseier, Zürich / 1984-1985	
a19	Wohn- und Geschäftshaus Müller / Untertor 18 / Fritschi, Zangerl & Sträuli / 1933 (Bd2 A7)	
a20	Bijouterie Mundwiler / Kasinostr. 3 / Trix & Robert Haussmann, Zürich / 1993 Umbau	
a21	Geschäftshaus Sigg / Bankstrasse 4 / Eberhard Eidenbenz, Zürich / 1956-1957	
a22	Musikpavillon / Merkurstrasse / Arnold & Vrendli Amsler / 1991	

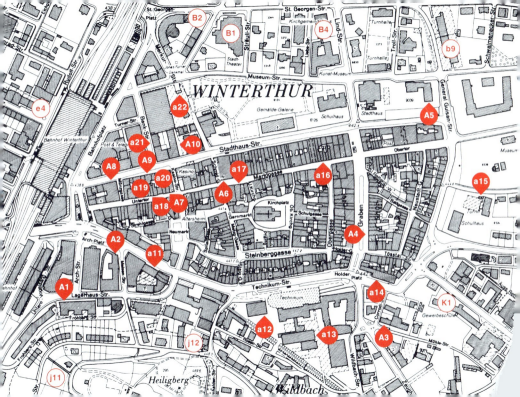

ALTSTADT, RINGZONE, BAHNAREAL   A

Noch heute weist die Altstadt die grösste bauliche Dichte des ganzen Stadtgebietes auf und kann als eigenständige Stadt in der Stadt gesehen werden.[23] Eine der grössten Veränderungen in der mittelalterlichen Altstadt seit Anfang des 20. Jahrhunderts bildet die Auskernung ganzer Gebäude für Büro- und Ladennutzungen.[24] Dies ging teilweise soweit, dass ganze Bauten ausgehöhlt und mit völlig neuen, von der Fassadenstruktur unabhängigen, Nutzungen gefüllt wurden (Bd2 A4). Vielerorts wurden die oft engen Gebäude für ihre neuen Aufgabe zu klein, oder neue Nutzungen erforderten grössere, zusammenhängende Flächen. Hin und wieder führte dies zu erfreulichen, eigenständigen Neubauten wie dem ehemaligen Kaufhaus Hasler (Bd2 A6) und der Zürcher Kantonalbank (Bd2 A8). Mit dem Wandel von der Industrie- zur Dienstleistungsstadt wurden viele der altstadtnahen Gewerbebetriebe durch oft modische, aber gesichtslose Neubauten ersetzt. War früher die Struktur der schmalen Häuser in der Altstadt eindeutig auf die Betonung der Vertikalen ausgerichtet, wurde seit dem "Neuen Bauen" versucht, die Horizontale zu betonen (Bd2 A6, A7, A9). Höhere gewerbliche Nutzungen und das starke Aufkommen des Verkehrs führten zu Änderungen der Bauvorschriften.[25] So wurden 1928 mit dem Bau des Geschäftshauses Wiegner (Bd1 A15) erstmals für Winterthur untypische Lauben eingeführt.[26] Seit der Mitte des 20. Jahrhunderts hinterliess der Verkehr deutliche Spuren. Viele der einst mit Brunnen geschmückten Gassen und Plätze wurden zu Parkplätzen. 1987 wurde die Altstadt auf ein Volksbegehren hin zur autofreien Zone.[27] Viele der Freiräume wurden neu gestaltet und einige der alten Brunnen wieder aufgebaut. Die Altstadt wurde im Verlaufe der Geschichte immer wieder neuen Bedürfnissen angepasst. Deshalb sollten auch in der Zukunft sinnvolle Veränderungen möglich sein.

SUVA VERWALTUNGSGEBÄUDE
LAGERHAUSSTRASSE 15-19

STUTZ & BOLT
1992-1994

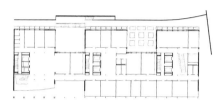

Beim Übergang der innerstädtischen Zentrumszone zur kleiner strukturierten und durchgrünten Bebauung des Wohnquartiers am Heiligberg gelegen, reagiert das Gebäude mit einer homogen geschlossenen Zeile gegen das Archareal und einer in den ansteigenden Hang greifenden Kammstruktur gegen Süden. Der kubische Aufbau des Gebäudes mit Turm und Längstrakt berücksichtigt die baurechtlichen Randbedingungen und eine spätere räumliche Entwicklung des Archareals. Die Nutzungsstruktur des Gebäudes entspricht seiner innerstädtischen Lage. Im Erdgeschoss befinden sich frei vermietbare Verkaufsräume. Gestalterisch wird klar zwischen der Strassenfassade mit Natursteinplattenverkleidung und der Hangfassade in Sichtmauerwerk unterschieden. Den räumlichen Schwerpunkt der Anlage bildet der durchgehende Lichthof im Turm. Die Kunst am Bau gestalteten Sol Lewitt aus den USA und Thomas Rutherfoord aus Winterthur.

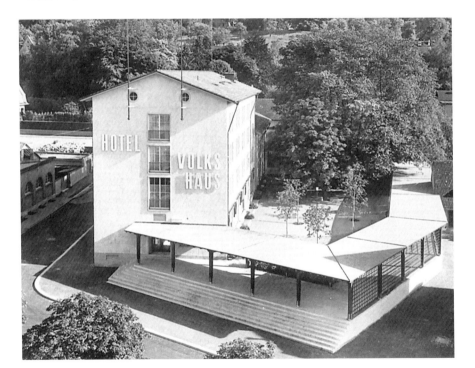

VOLKSHAUS
MEISENSTRASSE 2, 4

KELLERMÜLLER & HOFMANN
1937-1938

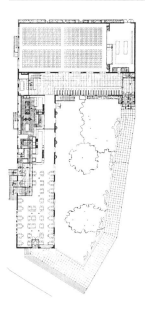

Der Bau ist eine späte Verwirklichung des Volkshausgedankens in der Schweiz. Erst nach langem Zögern stellte die Stadt ein zentral gelegenes Grundstück bereit. Die L-förmige Gebäudegruppe gliedert sich in den vierstöckigen Hotelteil als Kopfbau, den daran anschliessenden zweigeschossigen Küchentrakt und den dazu abgewinkelt angeordneten Saalbau. Im Winkel liegt der Gartenhof, welcher durch die offene, hölzerne Wandelhalle nach aussen begrenzt ist. Er bildet den zentralen Freiraum der Anlage. Zum Garten hin orientierte sich das Restaurant im Haupttrakt. Im weiteren beherbergt das Gebäude einen kleinen und einen grossen Saal, Konferenz- und Sitzungsräume, ein Gewerkschaftssekretariat, eine Abwartwohnung sowie Angestellten- und Hotelzimmer. 1970 erfolgte eine Aufstockung über dem Küchentrakt. In jüngerer Zeit wurde der Bau wiederholt umgebaut. Heute hat er seine ursprüngliche Funktion als Volkshaus verloren.

WOHN- UND GESCHÄFTSHAUS SCHERRER
CORRODISTRASSE 2

HERMANN SIEGRIST
1938-1939

A 3

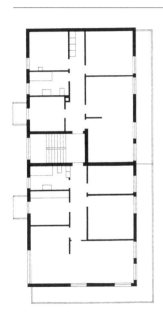

Das Wohn- und Geschäftshaus ist der jüngste und markanteste Teil eines grösseren Ensembles. Im verglasten und stützenfrei überspannten Erdgeschoss befindet sich der offene Verkaufsraum des Möbelgeschäftes Scherrer. Dieser wird durch Räume einer ehemals eigenen Möbelwerkstatt im Untergeschoss der angrenzenden Liegenschaft ergänzt, welche ursprünglich als Lagerhaus benutzt wurde. Durch das vom Hof erreichbare Treppenhaus werden die sechs Viereinhalb-Zimmerwohnungen in den drei Obergeschossen erschlossen. Die Arbeits-, Ess-, Schlaf- und Wohnräume öffnen sich mit grossen Fenstern und einer durchgehenden Balkonschicht gegen Süden und Westen. Die Wohnzimmer lassen sich durch eine flexible Trennwand unterteilen. Die Küche mit einem kleinen Putzbalkon und das Bad sind zum Hof hin orientiert. Das Gebäude ist in Leichtbeton ausgeführt und besitzt als technische Besonderheit eine Deckenheizung.

KULTURHAUS LOGE
OBERER GRABEN 6

SCHWARZ & MEYER, ZÜRICH
1988-1991

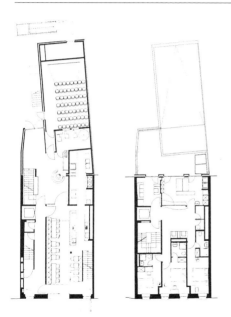

Das 1864 von Wilhelm Bareiss erbaute Gebäude diente lange Zeit der Freimaurerloge Akazia als Versammlungshaus. Hinter der neugotischen Fassade entstanden nach einer Auskernung neue Räume für ein modernes Kulturhaus. Im Erdgeschoss öffnet sich hinter dem zentralen Spitzbogentor ein Restaurant mit Galerie. Hinter den Masswerkfenstern der Obergeschosse befinden sich die Hotelzimmer, deren Raumhöhen der Gliederung der Hauptfassade entsprechen. Im Hinterhaus liegen zwei Studiokinos. Im Untergeschoss wurde ein Theater eingerichtet. Getrennt vom Kleinhotel verbindet ein Foyer über vier Geschosse das Restaurant mit den beiden Kinos und dem Theater. Die grosse Raumdichte des komplexen Nutzungskonzeptes erfordert neben klaren Grundrissen auch eine offene Struktur, die räumliche Beziehungen entstehen lässt. An der Fassade weist die schwarze Kugel auf die dunklen Innenräume der Kinos und des Theaters hin.

GARTENHOTEL
STADTHAUSSTRASSE 4

FRANZ SCHEIBLER
1955-1956, 1996-1997

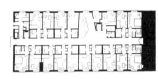

Um das Bedürfnis nach einer zentralen Unterbringung ihrer Gäste zu befriedigen, liessen Winterthurer Grossfirmen auf dem Areal des abgebrochenen Platanengutes ein modernes Hotel bauen. Der Baumbestand sollte geschont und die Grünfläche zusammenhängend erhalten bleiben. Um den Hotelbetrieb funktionell vom Restaurationsbetrieb zu trennen, wurde der Bau in zwei Teile gegliedert. Im Hauptbau liegt im Erdgeschoss die Empfangshalle. Eine geschwungene Treppe führt zu den drei Obergeschossen mit ihren 51 Hotelzimmern mit insgesamt 78 Betten. Im zurückgesetzten Dachgeschoss sind die Wohnung des Direktors und die Zimmer für die Angestellten untergebracht. Im rechtwinklig dazu stehenden Trakt liegen das Restaurant, ein Festsaal und weitere Räume. Im Untergeschoss befindet sich die klimatisierte Grossküche mit ihren Nebenräumen. Der Bau ist zurückhaltend materialisiert und wirkt in seiner schlichten Gestalt zeitlos modern.

KAUFHAUS HASLER
MARKTGASSE 70

FRITSCHI, ZANGERL & STRÄULI
1931-1933

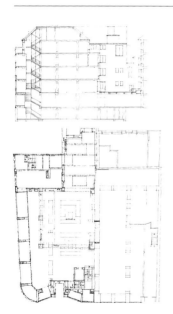

In Anlehnung an die Kaufhausbauten des deutschen Architekten Erich Mendelsohn wurden beim ehemaligen Geschäftshaus Hasler weder in der Gestaltung noch in der Konstruktion Konzessionen an die umliegenden Altstadthäuser gemacht. Ein zu Ausstellungszwecken ehemals vollständig verglastes Erdgeschoss ist leicht zurückgesetzt und wies ursprünglich mit einer geschwungenen Geste auf den Haupteingang hin. Die drei darüberliegenden Geschosse bestechen durch die über die ganze Länge horizontal umlaufenden Fensterbänder. Sie bilden einen Kontrast zu den in der Altstadt vorherrschenden Lochfensterfassaden. Die Bandfenster wie auch die abgerundete Ecke verleihen dem Gebäude seine dynamische Ausstrahlung. Das Attikageschoss ist zurückgesetzt. Durch das Zurücknehmen der Westfassade erhält die enge Schmidgasse eine beträchtliche Erweiterung und das Gebäude den durch seine Grösse benötigten Freiraum.

WOHN- UND GESCHÄFTSHAUS ZWICKER UNTERTOR 4

HAUSER & RUF A 7
1937

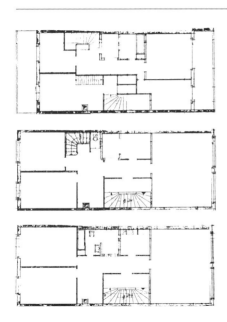

Das Wohn- und Geschäftshaus weist grosse Ähnlichkeit mit dem Gebäude Untertor 18 auf, welches 1933 Fritschi, Zangerl und Sträuli für die Konditorei Müller bauten (Bd2 a19). Beide Neubauten wurden geschickt in das Gassenbild des Untertors eingepasst. Über dem Ladenlokal befinden sich die drei Wohngeschosse und ein zurückgesetztes Attikageschoss mit beidseitigen Terrassen. Um auch die innenliegenden Räume der 15 Meter tiefen Häuser ausreichend mit Luft und Licht zu versorgen, wurde ein durchgehender Lichtschacht eingebaut. Die Erschliessungszone geht im Wohn- und Geschäftshaus Müller konsequent über alle Stockwerke. Beim hier beschriebenen Haus werden das Attikageschoss und das Dach individuell erschlossen. Aufgrund neuer Baulinien wurde das Haus gegenüber der ursprünglichen Fassadenflucht leicht zurückversetzt. Wegen Einsprachen der Nachbarn musste auf gassenseitige Balkone verzichtet werden.

ZÜRCHER KANTONALBANK
UNTERTOR 30

ULRICH BAUMGARTNER
1976-1981

A 8

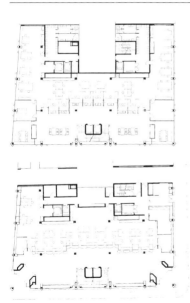

Der aus einem Wettbewerb hervorgegangene Neubau zeigt, wie moderne Architektur sich auch in einen historischen Kontext eingliedern kann, ohne ihre Eigenständigkeit zu verlieren. Der Baukörper bildet die Nahtstelle zwischen der grossmassstäblichen Bebauung des Bahnhofplatzes und den feingliedrigen Häuserzeilen des Untertors. Das Bauvolumen besteht aus einem Hauptkörper, dessen Stützenabstände einer durchschnittlichen Hausbreite in der Altstadt entsprechen, und einem schmaleren Teil über der Durchfahrt. Das Verhältnis zwischen geschlossener und offener Fassadenfläche sowie die Traufhöhe sind der baulichen Umgebung angepasst. Die Schalterhalle, welche, typisch für diesen Blockrand, über Eck betreten wird, wurde mit Holz und Granit schlicht, aber elegant gestaltet. Die Fassade ist mit Kalkstein verkleidet und die Fensterrahmen sind aus Bronze. Die ornamentale Detaillierung wird durch die Kunst von Max Hellstern noch unterstützt.

ALTSTADT APOTHEKE
STADTHAUSSTRASSE 131

ULRICH SCHEIBLER
1963-1964, 1988-1989

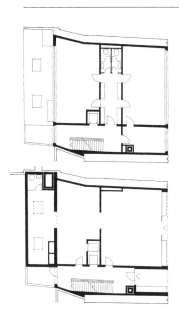

Das Geschäftshaus im nördlichen Mauerring zeigt eine klare Haltung der neuen Bausubstanz im historischen Kontext. Es wurde kein Kompromiss zwischen innerer Nutzung und Konstruktion und äusserem "Altstadterscheinungsbild" eingegangen. Die einfache Gebäudestruktur mit einem Treppenhaus und zweibündiger Büroraumanordnung ist an den zwischen Brandmauern eingespannten Fassaden deutlich ablesbar. Durch die konkrete Formensprache und materialgerechte Anwendung natürlicher Baumaterialien, wie Sichtbeton, Eichenholz und Kupfer, wird das Gebäude Teil der Altstadtzeile. 1988 wurde die Apotheke im Erdgeschoss umgebaut und damit die geschlossen wirkende Schaufensterfront verändert. Ein Jahr später erfolgte der Ausbau des Dachgeschosses. Die geschlossene Dachfläche wurde mit Dachaufbauten und Dachflächenfenstern durchbrochen. Dennoch hat das Gebäude seinen ursprünglichen Charakter beibehalten.

GESCHÄFTSHAUS STADTHAUSSTRASSE 14

ROLAND ROHN, ZÜRICH
1964-1968, 1992

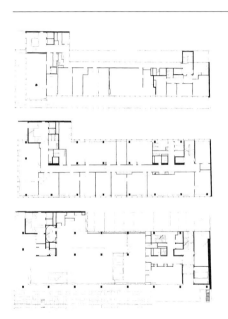

Die ehemalige Hypothekar- und Handelsbank baute sich hier ein eigenes Büro- und Bankgebäude. Der sechsgeschossige Baukörper wurde als selbständige architektonische Einheit innerhalb des Blockrandes konzipiert. Er setzt sich durch einen Rücksprung deutlich von der benachbarten Volksbank ab. Der Kubus ist klar in ein zurückgesetztes Erdgeschoss, einen doppelbündigen Bürogeschosstrakt und ein Dachgeschoss mit einer Terrasse gegliedert. Die allseitig verglaste Fassade mit bis zum Boden reichenden Fenstern wirkt, zusammen mit dem Material- und Farbenspiel von natureloxiertem Aluminium und schwarzen Glasplatten, leicht und elegant. Mit der offenen Schalterhalle, den flexiblen Büroräumen und der ersten elektronischen Kundensafeanlage wurden wegweisende Schritte im damaligen Bankenneubau unternommen. Die aussenliegenden Sonnenstoren wurden im Rahmen einer Fassadensanierung im Jahre 1992 angebracht.

Beschriebene Bauten:

B1	Theater am Stadtgarten / Theaterstrasse 6 / Frank Krayenbühl, Zürich / 1975-1979	
B2	Erweiterung HWV / St. Georgenplatz 2 / Weber & Hofer, Zürich / 1995-1996	
B3	Hochhaus Telecom / Theaterstrasse / Burkard, Meyer, Steiger; Baden / Projekt	
B4	Erweiterung Kunstmuseum / Lindstrasse / Gigon & Guyer, Zürich / 1995	
B5	Personalrestaurant / Römerstrasse 15 / Hans Weishaupt / 1969-1970	
B6	Bürogebäude Winterthur Versicherungen / Römerstr. 17 / E. Bosshardt / 1959-1961, 1995	
B7	Geschäftshaus SWICA / Römerstrasse 37 / Werner Frey, Zürich / 1957	

Weitere sehenswerte Bauten:

b8	Wohn- und Geschäftshaus / Theaterstrasse 18-26 / Tanner & Loetscher / 1994	
b9	Winterthur Versicherungen / General Guisan-Str. 40, 42 / Stutz & Bolt / 1976-1978, 1983-1985	
b10	Mehrfamilienhaus Römergut / Museumstrasse 1 / Max Krentel / 1990-1991	
b11	Geschäftshaus SWICA / Römerstrasse 38 / Werner Frey, Zürich / 1981-1983	

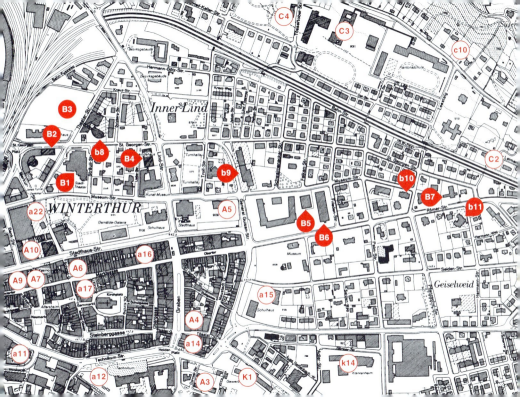

INNERES LIND, ST. GEORGEN

Im westlichen Teil, nahe der Bahnlinie, wo früher grosse Industrieareale das Stadtbild prägten, fand seit der Einführung der S-Bahn 1990 ein Wandel in Richtung Dienstleistungssektor statt. Mit dem Geschäftshaus an der Theaterstrasse 18-26 (Bd2 b8) und der Überbauung der Telecom (Bd2 B3) entstanden grosse Flächen an Büroräumen im Bereich des Bahnareals. Mit dem Hochhaus für die Telecom wird ein neuer dominanter städtebaulicher Akzent gesetzt. Das Stadttheater (Bd2 B1) auf dem Areal der ehemaligen Seifenfabrik Sträuli nimmt einen deutlichen Bezug auf den Stadtpark und den Grüngürtel der Altstadt.[27] Mit der Museumserweiterung (Bd2 B4) erhielt die als Ausfallachse geplante Lindstrasse einen weiteren markanten Bau. Viele der herrschaftlichen Villen haben im Laufe des 20. Jahrhunderts ihre Wohnfunktion verloren und wurden für Bürozwecke umgenutzt.[28] Die mit ihrem ganzen Umschwung und den dazugehörenden Dienstgebäuden gut erhaltene Fabrikantenvilla Bühler-Egg (Bd1 B5) wurde zu einem Verwaltungsgebäude und zum Münzkabinett umgebaut. Im südlichen Teil des Inneren Lind, entlang der Römerstrasse, entstanden mit dem Bürogebäude der Winterthur Versicherungen (Bd2 B6), dem zurückgesetzten Personalrestaurant (Bd2 B5) und dem Bürobau der SWICA (Bd2 B7) neue Bauten, welche sich gut in das Quartier einfügen. Die malerischen Backsteinbauten im östlichen Teil sind in ihrer Bausubstanz und mit ihren Aussenräumen weitgehend im Originalzustand erhalten.[29] Sowohl die ruhige und durchgrünte Lage wie auch die Nähe zur Altstadt und zum Hauptbahnhof machen dieses historische Quartier zu einer begehrten Wohnlage. Als Folge höherer Ausnutzungsmöglichkeiten und einer damit verbundenen Nutzungsintensivierung, aber auch durch eine Nutzungsänderung zu Büroräumen ist das Quartier in seiner Lebensqualität bedroht.[30]

| THEATER AM STADTGARTEN | FRANK KRAYENBÜHL, ZÜRICH |
| THEATERSTRASSE 6 | 1975-1979 |

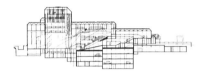

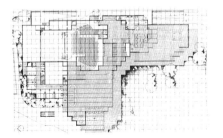

Auf dem ehemaligen Areal der Seifenfabrik Sträuli fügt sich das öffentliche Gebäude in den Grüngürtel der Altstadt ein. Das Theater steht auf einem Betonsockel, in dem die Tiefgarage liegt. Darüber staffeln sich haubenförmige Kuben gegen das Bühnenhaus in die Höhe. Die gesamte Statik des Gebäudes übernimmt eine Stahlkonstruktion aus Fachwerkträgern. Diese sind im Innern sichtbar. Aussen ist das Theater mit Bleiplatten verkleidet. Grosse Fenster bilden die Ausfachung der Stützenkonstruktion und geben den Blick auf den Stadtpark frei. Das Gebäude gliedert sich in einen Publikumsbereich mit dem auf verschiedenen Niveaus liegenden Foyer, dem Zuschauerraum mit einer Galerie, einem Theaterrestaurant mit Terrasse und in den grösseren Bühnenbereich. Dieser umfasst das Bühnenhaus, die Künstlergarderoben, Büros, die Technik- und Lagerräume sowie die Werkstätten. 1981 wurde das Gebäude mit dem europäischen Stahlbaupreis ausgezeichnet.

ERWEITERUNG HWV
ST. GEORGENPLATZ 2

WEBER & HOFER, ZÜRICH
1995-1996

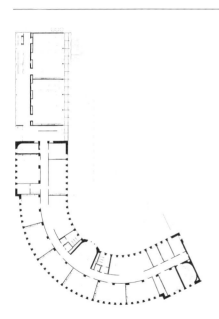

Der Um- und Erweiterungsbau der Liegenschaft Volkart basiert auf einem 1990 durch den Kanton Zürich veranstalteten Projektwettbewerb. Der vorrangige Stellenwert des Altbaus wurde sowohl städtebaulich wie auch in seiner inneren Baustruktur respektiert, während die Neubauten in ihrer Form und Materialwahl deutlich als solche erkennbar sind. Der Bau der höheren Wirtschafts- und Verwaltungsschule gliedert sich in den Altbau (Bd1 B1), den Erweiterungsbau und eine kreisrunde Aula. Im Erweiterungsbau liegen acht Hörsäle, eine Bibliothek und die Cafeteria. Die Aula mit 280 Sitzplätzen schmiegt sich im Hof an das konkave Sockelgeschoss des Altbaus an. Zum dominanten Rundbau aus den Jahren 1927 und 1928 stellt der Erweiterungsbau in seiner Materialisierung und Formensprache ein eigenständiges Bauwerk dar. Bewusst wurde durch die Materialwahl von Glas, Metall und Sichtbeton ein sichtbarer Kontrast zum renovierten Altbau gesucht.

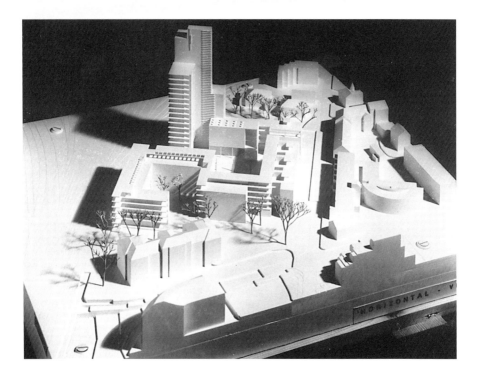

HOCHHAUS TELECOM THEATERSTRASSE

BURKARD, MEYER, STEIGER; BADEN
PROJEKT

Das Siegerprojekt aus einem Wettbewerb schafft ein in sich geschlossenes Stadtquartier. Der Bau gliedert sich in ein in der Höhe gestaffeltes Hochhaus und einen mäanderförmigen Flachbau. Der vom Raumprogramm vorgegebene Teil der Telecom wird städtebaulich bestimmend behandelt und ist Ausgangspunkt zukünftiger Entwicklungen. Nicht die Bedeutung der Nutzung legitimiert die Dominanz, sondern ihre städtebauliche Position. Das Setzen eines vertikalen Akzentes an diesem Ort steht in ergänzendem Zusammenhang mit den näheren und weiteren, das Stadtbild zeichenhaft prägenden Elementen. Die Überbauung stellt auch einen neuen Impuls für die Aufwertung des Nordteils der Stadtmitte dar und verhindert die allmähliche städtebauliche und kommerzielle Verflachung der Stadtgestalt. Dieses prägnante Projekt bewahrt dennoch die Massstäblichkeit und aktiviert eine kohärente Weiterentwicklung des Stadtbildes.

ERWEITERUNG KUNSTMUSEUM LINDSTRASSE

GIGON & GUYER, ZÜRICH
1995

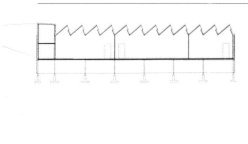

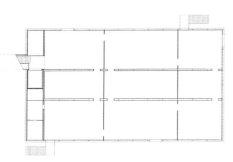

Das Gebäude setzt sich in seiner Materialisierung und Massstäblichkeit deutlich von den umliegenden Bauten ab. Die architektonische Gestaltung der Aussenhaut mit industriell gefertigten Glaselementen verleiht ihm sein eigenwilliges Aussehen. Museum (Bd1 B7) und Kirchgemeindehaus (Bd1 B6) behalten daneben ihre städtebauliche Dominanz. Zurückhaltend eingesetzte Gestaltungsmittel verleihen den Ausstellungsräumen ein angenehmes Raumklima, welches die Kunstobjekte in den Vordergrund rückt. Auf jeder der drei freien Gebäudeseiten schafft ein grosses Fenster den Kontakt nach aussen. Es dient zur Orientierung und vermittelt den Vorbeigehenden einen Einblick in das Gebäudeinnere. Die auf einer Ebene liegende Ausstellungsfläche erzeugt ein Gefühl von Grosszügigkeit. Die dreischiffige Anlage erlaubt durch eine flexible Aufteilung interessante Ausstellungsabläufe. Die Belichtung der Räume erfolgt über Oberlichtbänder im Dach.

PERSONALRESTAURANT
RÖMERSTRASSE 15

HANS WEISHAUPT
1969-1970

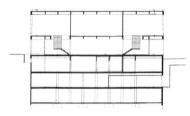

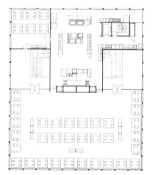

Aus betriebstechnischen Gründen wurde als Standort für das Personalrestaurant der Freiraum zwischen dem Hauptgebäude (Bd1 A7) und dem Bürogebäude der Winterthur Versicherungen (Bd2 B6) gewählt. Der bestehende Park mit seinem schönen Baumbestand und der Eisenplastik von Silvio Mattioli wurde in das Baukonzept eingebunden. Das Personalrestaurant ist freistehend und zweigeschossig. Das zurückgesetzte Erdgeschoss birgt die Cafeteria, im Obergeschoss liegen die Essräume und die Küche. Ein grossflächiges Wandmosaik von Hans Erni schmückt den Speisesaal. Nach einem Entwurf von Hans Affeltranger wurde das Flachdach mit farbigem Kies gestaltet. Durch die klare Trennung von Tragstruktur und Verkleidung wirkt das Gebäude leicht und transparent. Der Stahlskelettbau erinnert in seiner Materialisierung und Detaillierung an Pavillonbauten des deutsch-amerikanischen Architekten Ludwig Mies van der Rohe.

BÜROGEBÄUDE WINTERTHUR VERSICHERUNGEN RÖMERSTRASSE 17

EDWIN BOSSHARDT
1959-1961, 1995

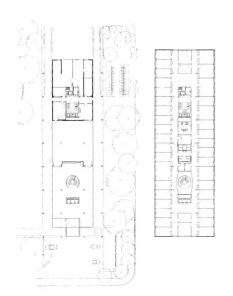

In respektvollem Abstand zum Hauptsitz (Bd1 A7) markiert dieses Bürogebäude seine Selbständigkeit in Material und Form. Der 74 Meter lange und 24 Meter breite Baukörper ist klar strukturiert. Das zurückgesetzte Erdgeschoss ist durch seine Verglasung transparent und zum umliegenden Park geöffnet. Darüber folgen vier dreibündig organisierte Bürogeschosse, welche variabel eingeteilt werden können. Im mittleren Teil liegen die Infrastrukturräume und die beiden Erschliessungszonen. Die Technik befindet sich im Dachgeschoss. Das Untergeschoss beherbergt eine grosse Tiefgarage. Der Stahlskelettbau hat ein Stützenraster von 9.25 Metern. Die aussenliegenden Felder wurden auf 7.40 Meter verkürzt. Die Fassade ist mit Platten aus Aluminiumguss verkleidet. Ihre Porosität ergibt eine elegante, sich je nach Licht ändernde Struktur und besitzt einen natürlichen Selbstreinigungseffekt. 1995 wurde eine innere Gesamtsanierung durchgeführt.

GESCHÄFTSHAUS SWICA
RÖMERSTRASSE 37

WERNER FREY, ZÜRICH
1957

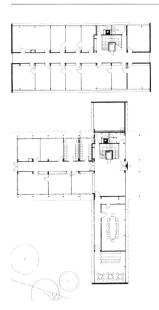

Mit Rücksicht auf den alten Baumbestand des Parkes und das spätbarocke Landhaus entstand ein neuzeitliches Verwaltungsgebäude, welches sich städtebaulich geschickt in das alte Villenquartier einfügt. Der zweigeschossige Hauptbau ragt über das längs zur Strasse stehende Sockelgeschoss hinaus und überdeckt den Eingang. Die kubische Durchdringung der beiden Trakte, in deren Kreuzung die Erschliessung liegt, wird architektonisch und konstruktiv mit kräftig umlaufenden Rahmen gelöst. Die Gliederung in Sockel- und Hauptbau ist sowohl gestalterisch als auch funktionell begründet. Im Gegensatz zum Erdgeschoss mit verschiedenartigen Räumen sind in den beiden Obergeschossen Büros untergebracht. Die unterzugsfreie Betondecke mit integrierter Heizung erlaubt es, die Zwischenwände zu versetzen. Durch den bewusst sparsamen Einsatz von Glas, Metall und Kunststein entstand ein elegantes und leichtes Gebäude.

Beschriebene Bauten:

C1	Haus Keller / Leimeneggstrasse 22 / Franz Scheibler / 1930	
C2	Siedlung Leimenegg / Leimeneggstrasse 27-35, 43, 45 / Hermann Siegrist / 1930-1932	
C3	Kantonsschule Rychenberg / Rychenbergstr. 110, 120 / Erik Lanter, Zürich / 1960-1963	
C4	Konservatorium / Tössertobelstrasse 1 / Guhl, Lechner, Philipp; Zürich / 1965-1966	
C5	Schwesternheim, Krankenpflegeschule / Albanistrasse 24 / Edwin Bosshardt / 1968	
C6	Haus Kunz / Haldenstrasse 74 / Peter Kunz / 1996-1997	
C7	Haus Müller / Haldenstrasse 78 / Klaiber, Affeltranger & Zehnder / 1963	
C8	Haus Hedinger / Schickstrasse 3 / Rolf Georg Otto, Basel / 1961-1963, 1995	
C9	Kantonsspital Winterthur / Brauerstr. 15-17 / E. Bosshardt / 1948-1950, 1951-1954, 1968	

Weitere sehenswerte Bauten:

c10	Haus Schnewlin / Rychenbergstrasse 141 / Ulrich Baumgartner / 1964	
c11	Erweiterung Kantonsschule Rychenberg / Rychenbergstrasse 108 / Stutz & Bolt / 1990	
c12	Haus Käch / Gütlitobelweg 27 / Arnold & Vrendli Amsler / 1995-1996	
c13	Schwimmbadanlage Oskar Reinhart / Schickstrasse 10 / Sträuli & Rüeger / 1929	
c14	Kindergarten Äusseres Lind / Lindstrasse 45 / Robert Sträuli / 1928 (Bd2 L7)	
c15	Garage Lind / Meilistrasse / Kellermüller & Hoffmann / 1930	
c16	Überbauung Friedtal / Lindstrasse 40, 42; Rychenbergstrasse 2 / Franz Scheibler / 1956	

ÄUSSERES LIND, RYCHENBERG, IM LEE

Diese Gebiete am südlichen Hang des Lindberges sind im Osten durch den Bäumliweg, im Westen durch die Lindstrasse und im Süden durch die Bahnlinie begrenzt. Noch zu Anfang des 20. Jahrhunderts waren sie von herrschaftlichen Villen und malerischen Bürgerhäusern geprägt. Viele dieser Villen wie das Obere Alpgut und die Villa Lindberg wurden abgebrochen.[31] Seit den 1950er Jahren fand eine Verdichtung vor allem mit öffentlichen Gebäuden statt.[32] Diese wurden in die oft grossen, privaten Gärten gestellt und machten sie für eine breitere Öffentlichkeit zugänglich. In den Jahren 1948 bis 1950 wurde das Kantonsspital (Bd2 C9) zu einem grossen Gebäudekomplex erweitert, welcher mit dem 1968 errichteten Hochhaus einen dominanten städtebaulichen Akzent setzt. Im gleichen Jahr wurde auf dem Areal der ehemaligen Villa Maronenbaum das Schwesternheim (Bd2 C5) gebaut. Im Park der Villa Rychenberg (Bd1 C4) wurde das Konservatorium entlang der Tössertobelstrasse in das leicht abfallende Gelände eingefügt. Als Erweiterung der Kantonsschule Im Lee (Bd1 C3) wurden die Gebäude der Kantonsschule Rychenberg (Bd2 C3) errichtet und mit grosszügigen Freiräumen in das Gelände eingebettet. Auf diesem Areal hatte sich die Friedhofanlage im Lee befunden, die 1914 nach dem Bau des Friedhofs Rosenberg (Bd1 D1) stillgelegt worden war.[33] Im Lee entstand mit der Siedlung Leimenegg (Bd2 C2) einer der wichtigsten Zeugen des "Neuen Bauens" in der Region. Von einem ähnlichen Gestaltungswillen zeugt das Haus Keller (Bd2 C1). Der noch weitgehend zusammenhängende Rebhang des Goldenbergs wurde mit einem Panoramaweg der Öffentlichkeit zugänglich gemacht. Von ihm aus geniesst man eine herrliche Sicht über die Stadt und die umliegenden Hügel. Der durchgrünte Charakter der Quartiere Äusseres Lind, Rychenberg und Im Lee blieb bis heute erhalten.

HAUS KELLER
LEIMENEGGSTRASSE 22

FRANZ SCHEIBLER
1930

Weil das Grundstück gegen die im Süden liegende Leimeneggstrasse abfällt, befindet sich der Eingang im Untergeschoss. Das Haus wird durch eine grosse Laube betreten, die auch dem Aufenthalt im Freien dient. Das Gebäude hat die Form eines Z. Der Wohnraum bildet einen eigenen Kubus, wobei dieser von den Kanten abgesetzt ist, um die Gesamtform des Hauses zu bewahren. Da er grossflächig an das Aussenklima grenzt, besitzt er eine Bodenheizung. Dieser abgesetzte Gebäudeteil bildet gleichzeitig die Terrasse vor den Schlafzimmern im zweiten Obergeschoss. Angesichts der komplexen Form des Grundrisses griff Franz Scheibler auf eine Aussage des deutschen Architekten Heinrich Tessenow zurück, welche besagt, dass das flache Dach ein einfaches Mittel sei, um ein klares Gesamtbild zu erreichen. Die in der Fassade weit aussen angeschlagenen Fenster und der feine Dachrand unterstützen die kubische Erscheinung des Baus.

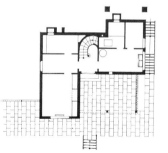

SIEDLUNG LEIMENEGG
LEIMENEGGSTRASSE 27-35, 43, 45

HERMANN SIEGRIST
1930-1932

Als Manifest des "Neuen Bauens" gilt dieses Doppel- und Fünffamilienreihenhaus. Es zeugt vom Willen, mit einem Minimum an Raum das Maximum an Wohnlichkeit für den Mittelstand zu bieten. Die Hausarbeit wird durch die direkte Verbindung der Räume für Kochen, Waschen und Lagern von Vorräten im Keller erleichtert. Eine Speisedurchreiche ersetzt die Anrichte. Die offene, plastisch gestaltete Treppe verbindet das Wohn- und Esszimmer mit dem Obergeschoss. Eine vorgefertigte Stahlspindeltreppe führt zum Dachgarten. Mit feinen Eisengeländern und Bullaugen wurde, wie oft auch im Werk Le Corbusiers, auf den Schiffsbau hingewiesen. Die Wände und Decken bestehen aus Beton, dessen Schalungsstruktur mit einem Kalkanstrich transparent gehalten wurde. Horizontale Bandfenster führen ohne Rahmenpfosten um die Gebäudeecke. Das ehemalige Haus des Architekten verfügte bis in die 1980er Jahre über das originale Mobiliar, welches von der nach der Fertigstellung veranstalteten Wohnbedarfsausstellung stammte.

KANTONSSCHULE RYCHENBERG
RYCHENBERGSTRASSE 110, 120

ERIK LANTER, ZÜRICH
1960-1963

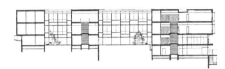

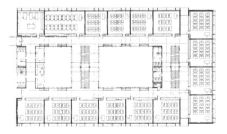

Die Kantonsschule Rychenberg ist die Erweiterung der alten schlossähnlichen Schulanlage Im Lee (Bd1 C3). In seiner Gliederung und inneren Organisation erinnert der Neubau an die Kantonsschule Freudenberg in Zürich, welche Jacques Schader 1959 erbaute. Beim Neubau wurde das Raumprogramm in vier Baukörper aufgeteilt, welche den Aussenraum mit einbeziehen. Die Querstellung des Turnhallentraktes bildet den gewünschten Abschluss zwischen alt und neu. Der Klassenzimmertrakt besitzt mit seinen zwei Innenhöfen eine optimale Belichtung. Diesem vorgelagert ist ein Velounterstand, dessen Decke als Pausenplatz dient. Ein Spezialzimmertrakt und ein anschliessender, festverglaster Gang verbinden den Klassenzimmertrakt mit dem Altbau. Die Aula im Zentrum des Schulareals ist losgelöst vom Schulbetrieb. Die vorfabrizierten, von Le Corbusier übernommenen Sonnenblenden lockern die kubisch gehaltenen Baukörper auf.

KONSERVATORIUM
TÖSSERTOBELSTRASSE 1

GUHL, LECHNER, PHILIPP; ZÜRICH
1965-1966

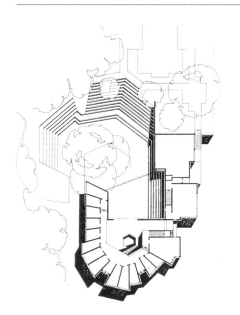

Der an das Werk des finnischen Architekten Alvar Aalto erinnernde Bau ordnet sich der klassizistischen Musikschule unter (Bd1 C4). Mit seiner rotbraunen Holzverkleidung sucht er die Verbindung zum Baumbestand des alten Parkes. Beinahe unmerklich schält sich das dreigeschossige Gebäude optisch aus der gestaffelten Stützmauer entlang der Strasse heraus. Sowohl das durchgehende Fensterband wie auch die vorgehängten Lamellen unterstreichen die Horizontalität. Der Bau ist ein Ort der Arbeit, des Studiums und der Begegnung mit der Musik. Die Unterrichtsräume im Obergeschoss sind über eine zentrale Halle erreichbar. Der grosse Saal lässt sich durch ein von Camillo Jelmini künstlerisch gestaltetes Metallschiebetor zur Halle hin erweitern und über eine Fensterfront gegen den Serenadenhof mit Sitzstufen öffnen. Da die schallisolierten Wände des gefächerten Grundrisses nicht parallel zueinander stehen, besitzen die Zimmer eine gute Akustik.

SCHWESTERNHEIM, KRANKENPFLEGESCHULE EDWIN BOSSHARDT
ALBANISTRASSE 24 1968

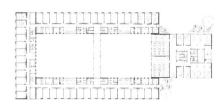

Das Schwesternhaus und die Krankenpflegeschule liegen nahe beim Kantonsspital (Bd2 C9) im Park der ehemaligen Villa Maronenbaum. Vier Trakte umschliessen einen 58 Meter langen und 19 Meter breiten Hof. Die Gebäude bestechen durch ihre kubisch klare Gliederung und die einfache Materialisierung aus vorwiegend roten Sichtbacksteinen, Beton und Holz. Sie beherbergen die Krankenpflegeschule, Unterkunfts- und Aufenthaltsräume für die Schüler und Schülerinnen sowie eine Turnhalle. Die Zimmer für das Pflegepersonal sind, von einigen Ausnahmen abgesehen, alle gleich gross und mit normierten Möbeln identisch ausgestattet. Das private Schwimmbecken, das dem gesamten Pflegepersonal zur Verfügung steht, dient gleichzeitig als Löschwasserbecken der Anlage. Vom Architekten war ursprünglich eine Erweiterung geplant, bei der im Süden ein zusätzlicher Hof von Unterkunfts- und Aufenthaltstrakten umschlossen werden sollte.

HAUS KUNZ
HALDENSTRASSE 74

PETER KUNZ
1996-1997

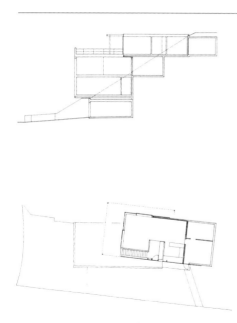

Das Wohnhaus des Architekten ordnet sich in die bestehende Struktur des Lindbergsüdhangs ein, ohne sich anzubiedern. Die Hangsituation wird durch den Baukörper betont. Die Stellung des Gebäudes innerhalb des Grundstückes ermöglichte die Erhaltung des Baumbestandes im parkähnlichen Garten. Dieser wird dank der grossflächigen Verglasung des Baus zum Innenraumerlebnis. Die bestehende Garage wurde als Fundament verwendet. Das unterste Geschoss kann als Büro, Einliegerwohnung oder Erweiterung der oberen Wohnung genutzt werden. Somit ist das Haus an die jeweiligen Lebensabschnitte der Besitzer anpassbar. Im Zwischengeschoss befinden sich die Schlafräume. Der Wohn- und Essraum mit einer herrlichen Fernsicht liegt im obersten Geschoss. Dieses nimmt die Ausrichtung der nachbarlichen Villa auf und verleiht dem Wohnhaus seine Dynamik. Das Farbkonzept stammt vom Winterthurer Künstler Thomas Rutherfoord.

HAUS MÜLLER
HALDENSTRASSE 78

KLAIBER, AFFELTRANGER & ZEHNDER

1963

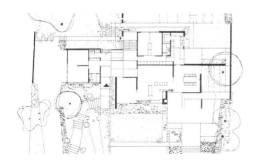

Dem repräsentativen Einfamilienhaus liegt das architektonische Konzept der offenen Raumstruktur zugrunde. Durch präzis gesetzte Wandscheiben fliessen die Räume ineinander und verschmelzen mit dem Garten. Das weite Wohnzimmer mit einem Kamin öffnet sich gegen Süden. Dem Esszimmer ist ein offener Sitzplatz zugeordnet. Die Küche besitzt ebenfalls einen Aussenbereich. Für die Sammlung moderner spanischer Kunst des Hausherrn wurde im Untergeschoss eine würdige Präsentationsmöglichkeit geschaffen. Auch die übrigen, grossflächigen Wände des Gebäudes ergeben günstige Hängemöglichkeiten für die Sammlung. Im Obergeschoss liegen die Schlaf- und Gästezimmer, denen ein Balkon vorgelagert ist. Neben dem modernen, konstruktiven Konzept und der Transparenz der Räume erinnert das Raumangebot an eine klassische Villa, bei der die Bereiche für die Familie und das Personal getrennt waren.

HAUS HEDINGER
SCHICKSTRASSE 3

ROLF GEORG OTTO, BASEL
1961-1963, 1995

Das architektonische Konzept für diese Villa lieferte einer der Partner aus der ehemaligen Architektengemeinschaft Förderer, Otto und Zwimpfer aus Basel. Sie haben in den 1950er und 1960er Jahren die Architekturdiskussion durch ihre vielzähligen Wettbewerbserfolge bereichert. Die Materialisierung wird innen und aussen durch den Kontrast von Sichtbeton und Naturholz bestimmt. Der Wohn- und der zweigeschossige Schlafbereich sind räumlich getrennt. Wohn-, Ess- und Arbeitszimmer gehen ineinander über. Besondere Aufmerksamkeit galt der geschickten Integration des Gebäudes in die begrünte Hangsituation. 1995 wurde der für die "Nachkriegsmoderne" in dieser Region wichtige Zeuge von Hans Rudolf Lanz gekonnt restauriert. Durch das Ausbessern schadhafter Stellen an der Aussenfassade wurde sein ursprüngliches Erscheinungsbild wieder hergestellt. Dazu wurde der Pflanzenbewuchs sorgfältig entfernt und anschliessend wieder angefügt.

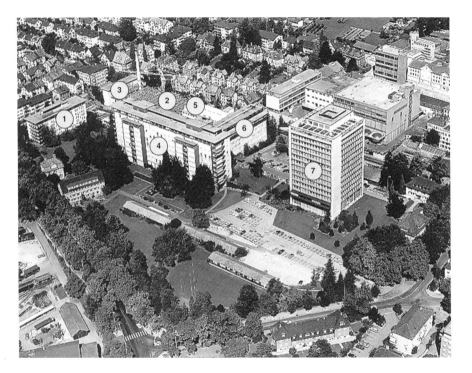

KANTONSSPITAL WINTERTHUR
BRAUERSTRASSE 15-17

EDWIN BOSSHARDT
1948-1950, 1951-1954, 1968

C 9

Das Kantonsspital stellt mit seinem Hochhaus ein wichtiges städtebauliches Ensemble dar und ist dank einer weitsichtigen Planung noch heute ausbaufähig. Es entstand, nachdem 1869 das Einwohnerspital aus der Fürsorgeanstalt am Neumarkt herausgelöst wurde. Am heutigen Standort errichtete Emil Studer zwischen 1874 und 1876 das klassizistische Spitalgebäude. Im Zusammenhang mit der Nationalbahnkrise wurde es 1886 vom Kanton übernommen. 1942 zwangen der Mangel an Krankenbetten und die baulichen Verhältnisse zum Ausbau des Kantonsspitals. 1943 gewann Edwin Bosshardt mit seinem Projekt den Ideenwettbewerb, da er die bestehenden Bauten geschickt in die Erweiterung integrierte und genug Freifläche vor den Bettenhäusern beliess. 1947 wurde sein überarbeitetes Projekt vom Volk gutgeheissen. Die Neubauten waren nun klarer von den Altbauten getrennt, und die Erschliessung wurde durch die Verlegung des Betriebsgebäudes und des Kesselhauses an die nördliche Arealecke verbessert. Als erste Etappe entstand von 1948 bis 1950 das Schwesternhaus (1), dann folgten zwischen 1951 und 1954 das Betriebsgebäude (2) mit den Werkstätten und der Wäscherei, das Kesselhaus (3) und das achtgeschossige Bettenhaus (4). Dieser fast 100 Meter lange und 15 Meter breite Baukörper ist durch Eckbalkone und ein zurückgestuftes Attikageschoss gekonnt gegliedert. Die Andockungen der beiden nördlichen Flügel mit Küchen- (5) und Behandlungstrakt (6) sind an der Südfassade klar ablesbar. Anstelle des veralteten Spitalgebäudes entstand 1968, als weiteres Wahrzeichen der Stadt, die Frauen- und Kinderklinik im 16stöckigen Hochhaus (7). Um den wachsenden Anforderungen im Gesundheitswesen nachzukommen, wurde das Kantonsspital wiederholt umgebaut. Leider haben in letzter Zeit die An- und Neubauten die klar gegliederte Anlage verunklärt.

Beschriebene Bauten:

D1	Altersheim Rosental / Rosentalstrasse 65 / Klaiber, Affeltranger & Zehnder / 1974-1977
D2	Einfamilienhausanbau / Schützenstr. 125 / Roland Meier, Ramona Gubler / 1994-1995
D3	Kirchenzentrum St. Ulrich / Seuzacherstrasse 1, 3 / Tanner & Loetscher / 1969-1971
D4	Schwimmbad Wolfensberg / Rütihofstrasse 15 / Furrer & Merkelbach / 1935-1936
D5	Wohnüberbauung / Winzerstr. 58, Weinbergstr. 69, 71 / Robert & Beat Rothen / 1994-1996
D6	Kolonie Winzerstrasse / Winzerstr. 31-73, 32-54 / Kellermüller & Hofmann / 1947-1948, 1950
D7	Siedlung Holzhaus / Weststrasse 101-110, 111, 113 / Franz Scheibler / 1931-1934
D8	Wohn- und Geschäftshaus / Wülflingerstr. 84, Bachtelstr. 150 / K. Schmassmann / 1940-1941

Weitere sehenswerte Bauten:

d9	Reformierte Kirche / Bettenstrasse 3 / Klaiber, Affeltranger & Zehnder / 1960
d10	Haus Zwimpfer / Weinbergstrasse 106 / Max Rüegger / 1964
d11	Sanierung Mehrfamilienhäuser / Weststrasse 136, 138 / Schneider & Prêtre / 1995
d12	Siedlung Oberer Letten / Resedaweg u.a. / Rittmeyer & Furrer / 1932
d13	Schulhaus Veltheim / Wiesenstrasse / Kisdaroczi, Jedele, Schmid, Wehrli / Projekt
d14	Mehrfamilienhaus Restaurant Oldtimer / Wülflingerstr. 18 / Walter Hitz / 1940 (Bd2 D8, k19)
d15	Lagerhaus VOLG / Schaffhauserstrasse 8 / Sträuli & Rüeger / 1951, 1996 umgebaut

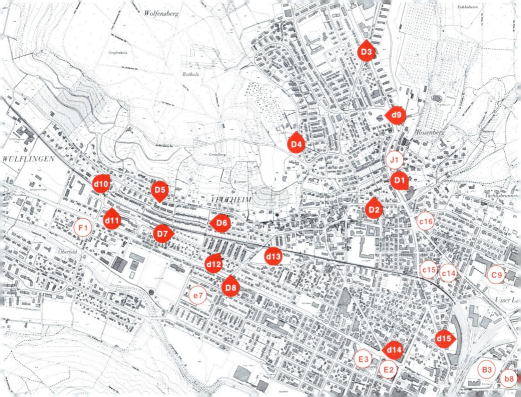

VELTHEIM, ROSENBERG D

Das Gebiet erstreckt sich von der Eulachebene bis zum weiten Sattel zwischen dem Lind- und dem Wolfensberg. Neben dem alten Dorfkern von Veltheim waren die Ebene zwischen der Wülflingerstrasse und der Bahnlinie sowie das Gebiet zwischen dem Dorfkern und der Schaffhauserstrasse aufgrund der Bebauungspläne des Stadtingenieurs Heinrich Schleich bereits Ende des 19. Jahrhunderts dicht bebaut.[34] Innerhalb dieser vorgegebenen Struktur fand im Verlaufe dieses Jahrhunderts eine weitere Verdichtung statt. Der Verein Ostschweizer landwirtschaftlicher Genossenschaften VOLG errichtete an der Feldstrasse und im Bereiche des Bahnareals zwei grosse Lagerhäuser (Bd2 d15). Am Fusse des mit Reben bepflanzten Wolfensbergsüdhangs entstanden parallel zu Bahnlinie und Weinbergstrasse durchgrünte Einfamilienhaussiedlungen (Bd2 D6, D7, d12). Ebenso wurden im neu erschlossenen Bettenquartier zahlreiche kleinere und grössere Wohnüberbauungen errichtet. Auf den dazwischenliegenden, unbebauten Gebieten entstanden mit dem Altersheim Rosental (Bd2 D1), der reformierten Kirche (Bd2 d9) und dem Kirchenzentrum St. Ulrich (Bd2 D3) grosse Solitärbauten. Am Osthang des Wolfensbergs wurde neben einem 1910 errichteten Sonnenbad in den Jahren 1935 und 1936 das Schwimmbad Wolfensberg (Bd2 D4) erbaut.[35] Zusammen mit dem Wolfensberg und dem Schützenweiher bilden sie ein beliebtes Naherholungsgebiet. Am gegenüberliegenden Lindberghang wurde der in den Jahren 1913 und 1914 auf den Rosenberg verlegte Stadtfriedhof (Bd1 D1) mehrmals erweitert.[36] Der Autobahnzubringer Ohringen hatte zur Folge, dass sich auf dem Sattel und seiner Nordflanke eine Peripherie mit einem Einkaufszentrum und zahlreichen Gewerbebetrieben bildete. Als Ganzes gesehen haben der Dorfkern und das Gebiet Veltheim ihren ländlichen Charakter bis heute beibehalten.

ALTERSHEIM ROSENTAL
ROSENTALSTRASSE 65

KLAIBER, AFFELTRANGER & ZEHNDER
1974-1977

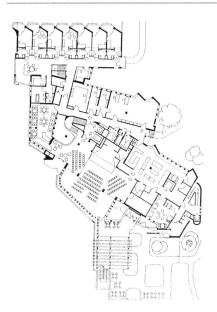

Der stark gegliederte und fächerartig aufgeteilte Baukörper wird durch einen bepflanzten Wall vor dem Lärm der Schaffhauserstrasse geschützt. Er staffelt sich über je einen zweigeschossigen Flügel im Osten und Westen zum siebengeschossigen Haupttrakt. Die Balkone mit vorfabrizierten Betonbrüstungen sind als Fassadenelemente in die Baukuben integriert und tragen als wichtiges gestalterisches Element zur plastischen Erscheinung des Gebäudes bei. Für die Konstruktion wurde ein konventioneller Massivbau mit Backsteinmauerwerk und Decken in Ortbeton gewählt. Die Erschliessung erfolgt über einen Eingangshof von der Rosentalstrasse. Das Erd- und erste Obergeschoss sind im Foyer über einen Luftraum verbunden. Hier befinden sich die Eingangshalle, eine Cafeteria, der Ess- und Theatersaal sowie die gesamte Infrastruktur. Darüber liegen in den fünf weiteren Geschossen des Hauptbaukörpers die 106 Zimmereinheiten.

EINFAMILIENHAUSANBAU SCHÜTZENSTRASSE 125

ROLAND MEIER, RAMONA GUBLER
1994-1995

Das zweigeschossige Einfamilienhaus ist in eigenständiger Weise an das 1854 erbaute Doppeleinfamilienhaus, dessen westlicher Teil 1987 abgebrochen wurde, angebaut. Eine Sichtbetonwand gegenüber der Brandmauer des bestehenden Gebäudefragmentes bildet den Raum für die Erschliessung, welche eine transparente Übergangszone von neu zu alt schafft. Das Erdgeschoss wird durch die möbelartige Küche in Arbeits-, Ess- und Wohnbereich gegliedert, wovon sich letzterer als eingeschossiger Körper gegen Osten vorschiebt. Der Wohnraum öffnet sich auf die umlaufende Terrasse, welche vom leicht fallenden Gelände abgelöst und mit einer feingliedrigen Metallkonstruktion eingefasst ist. Im Obergeschoss befinden sich die Schlafräume. Das Haus besteht aus einem vorfabrizierten Holzrahmenbau, dessen Aussenwände mit einer horizontalen, weiss gestrichenen Stülpschalung und naturbelassenen Lärchensperrholzplatten verkleidet sind.

KIRCHENZENTRUM ST. ULRICH
SEUZACHERSTRASSE 1, 3

TANNER & LOETSCHER
1969-1971

Die Kirche im nüchternen Stil der 1970er Jahre bricht mit allen Merkmalen eines traditionellen Kirchenbaus. Die Baukuben sind flach zwischen die umliegenden Häuserblökke eingeordnet. Um den Lärm der Strassenzüge abzuwehren, sind sie um einen zentralen Innenhof gruppiert, so dass möglichst wenige Fenster nach aussen orientiert sind. Durch drei enge Passagen erreicht man den geschlossenen, ruhigen Kirchhof. Von hier sind die Kirche, die Nebenkapelle, das Pfarreiheim und das Pfarrhaus erschlossen. Der massive Körper des Glockenturms über dem Haupteingang dominiert die Anlage. Im Inneren der Kirche wird der dynamische, in schlichtem Weiss gehaltene Raum durch das Wechselspiel des indirekten Lichtes geprägt. Altar, Lesepult, Tabernakel und Taufbrunnen stammen von der Künstlerin Rosa Studer-Koch aus Zürich. Sie sind aus dem Holz ausgedienter Bahnschwellen gefertigt und weisen die Spuren ihrer früheren Verwendung auf.

SCHWIMMBAD WOLFENSBERG
RÜTIHOFSTRASSE 15

FURRER & MERKELBACH
1935-1936

Der "Verein zur Hebung der Volksgesundheit" liess an dieser schönen Aussichtslage eine Quartierbadeanlage erbauen. Neuartig war eine konsequente Trennung in Zonen für unterschiedliche Bedürfnisse: Die Unterteilung des Bassins in Bereiche für Schwimmer und Nichtschwimmer sowie in einen Sprungturmteil und ein separates Planschbecken für Kinder. In der Freiraumgestaltung wurde zwischen Ruhe- und Lärmzonen unterschieden. Es gibt Spiel- und Liegewiesen sowie Sonnen- und baumbestandene Schattenplätze. Bassinanlage, Wegführung und Bepflanzung wurden unaufdringlich in das bestehende Quartier eingeordnet. Kiosk und Restaurant bilden feste Bestandteile des Schwimmbades. Aussichtsterrassen und Garderoben wurden geschickt in die Hanglage eingebettet. Daran anschliessend bauten Müller und Keller 1947 ein Sonnenbad. Noch heute können Frauen und Männer hinter Holzwänden getrennt der Freikörperkultur nachgehen.

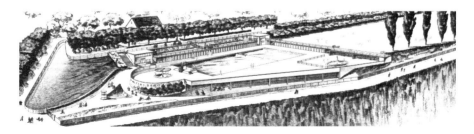

| WOHNÜBERBAUUNG | ROBERT & BEAT ROTHEN |
| WINZERSTRASSE 58, WEINBERGSTRASSE 69, 71 | 1994-1996 |

Das Grundstück liegt im Schnittpunkt verschiedener Bebauungsstrukturen. Die Siedlung reagiert in reduzierter Form auf das Bestehende. Sie führt Strukturen weiter und nimmt gewisse Elemente des Quartiers auf. So übernimmt die südliche Bebauung den Charakter der Kolonie Winzerstrasse (Bd2 D6). Der abgewinkelte Kopfbau führt zur Gebäudestruktur senkrecht zum Hang über. Die nördlichen Baukörper reagieren auf die offene Bautenanordnung an der Weinbergstrasse. Der kleine Park in der Überbauung bildet den Abschluss des mit Gärten genutzten Raumes. Die geschosshohen Fensterläden übernehmen ein für das Quartier typisches Element. Die 31 Eigentumswohnungen besitzen einen festen, vorgegebenen Kern mit Windfang, daran anschliessendem Gang, Bad, WC und Abstellraum. Um den Kern herum liegen die grossen Wohnungsflächen. Sie sind mit flexiblen Leichtelementen, ähnlich einem Baukastensystem, individuell unterteilbar.

KOLONIE WINZERSTRASSE
WINZERSTRASSE 31-73, 32-54

KELLERMÜLLER & HOFMANN
1947-1948, 1950

Die von der "Gesellschaft für Erstellung billiger Wohnhäuser" GEbW errichtete Siedlung liegt beidseits der Winzerstrasse. Die zweite, westliche Etappe wurde von den Architekten Isler und Eidenbenz erbaut. Die in einem Obstgarten liegende Anlage macht einen parkähnlichen Eindruck. Es fehlen jegliche Einfriedungen. Die Reihenhäuser sind durch Gartenlauben mit einem kleinen Schuppen zu durchgehenden Zeilen verkettet. Die Siedlung folgt der schwachen Krümmung der Bahnlinie und den Höhenkurven des leicht abfallenden Terrains. Sie erinnert in ihrer Erscheinung an das Bild einer Zugskomposition. Die beiden Zeilen unterscheiden sich in der Art der Haustypen. Zwischen der Bahn und der Strasse werden die einseitig nach Süden orientierten Fünfzimmerhäuser in Zweier-, Dreier- und Fünfergruppen zusammengefasst. Die nördliche Zeile besteht aus sechs zusammengebauten, zweiseitig ausgerichteten Sechszimmer-Doppelhäusern.

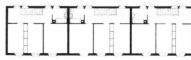

SIEDLUNG HOLZHAUS
WESTSTRASSE 101-110, 111, 113

FRANZ SCHEIBLER
1931-1934

Der Architekt konnte in der Krisenzeit den Zimmermeisterverband für den Bau dieser Minimalhäuser gewinnen. In der Siedlung kamen verschiedene Haustypen zur Anwendung. Holz war beim Waldreichtum der Gegend ein billiges Baumaterial. Vorfabrikation und Standardisierung sollten den Zimmereien auch im Winter zu Arbeit verhelfen. So konnten die Häuser in wenigen Monaten errichtet werden. Das hier abgebildete, freistehende Einfamilienhaus bildet die Regel. Die Grundrisse sind einfach gegliedert und besitzen dank kleiner Erschliessungsflächen eine gute Ausnützung. Trotz der geringen Ausmasse entsprachen die Häuser den bürgerlichen Wohnvorstellungen, da die Treppe ausserhalb des Wohnraumes liegt. Ein Badezimmer wurde von Anfang an im Obergeschoss eingebaut. Die Häuser entsprechen immer noch den heutigen Wohnanforderungen und können als Vorbilder für den Neubau von kleinen Eigenheimen dienen.

WOHN- UND GESCHÄFTSHAUS
WÜLFLINGERSTRASSE 84, BACHTELSTRASSE 150

KARL SCHMASSMANN
1940-1941

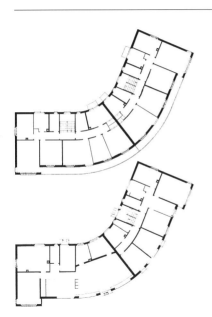

Auf spitz oder stumpf zulaufende Strassengabelungen reagierten die Architekten in den späten 1930er und frühen 1940er Jahren oft mit expressionistisch gestalteten Baukörpern. Durch seine gekrümmte Form wird dieses Wohn- und Geschäftshaus an der langen Ausfallachse nach Westen wichtig und interessant. Von gleicher Qualität ist das Gebäude an der Wülflingerstrasse 18 (Bd2 d14), welches 1940 von Walter Hitz erbaut wurde. Beide Gebäude besitzen eine starke, strassenraumbildende Funktion und städtebauliche Präsenz. Während der dreigeschossige Bau der Bachtelapotheke zwischen den Eckrisaliten eine durchgehende Balkonschicht aufspannt, fasziniert der Bau von Walter Hitz durch die auskragenden Eckbalkone. Zusammen mit dem bugförmigen Restaurant entsteht der Eindruck eines Schiffes. Ein weiteres expressionistisches Mehrfamilienhaus errichteten 1938 die Architekten Hauser und Ruf an der St. Gallerstrasse 82, 84 (Bd2 k19).

Beschriebene Bauten:

- E1　Bürogebäude Winterthur Versicherungen / Paulstrasse 9 / Stutz & Bolt / 1989-1993
- E2　Wohnhotel / Wülflingerstrasse 15 / Paul Otto Walti, Zürich / 1931, 1950
- E3　Gewerbliche Berufsschule / Wülflingerstrasse 17 / Peter Stutz / 1971-1974, 1994

Weitere sehenswerte Bauten:

- e4　Geschäftshaus Telecom / Wartstrasse 2 / Fritz Flubacher, Zürich / 1962
- e5　Bürogebäude Winterthur Versicherungen / Paulstr. 12 / Tanner & Partner / 1988-1992
- e6　Erweiterung Krankenversicherung / Konradstrasse 12-16 / Blatter, Eberle, Partner / 1993
- e7　MFH / Flüelistr. 2, Aeckerwiesenstr. 20-26, Blumenaustr. 14 / F. Scheibler / 1946-1948

NEUWIESEN, SCHÜTZENWIESEN E

Das westlich der Altstadt liegende, flache überbaute Gebiet wird im Norden durch die Wülflingerstrasse, im Süden durch die Eulach begrenzt. Die noch heute deutlich ablesbare Struktur geht auf den Bebauungsplan von Albert Bodmer aus dem Jahre 1927 zurück.[37] Dieser war Teil des ersten schweizerischen Nutzungszonenplans. Albert Bodmer gelang es in Winterthur, die scheinbar unvereinbaren Traditionen einer Industrie- und Gartenstadt zu verbinden. 1931 wurde an der Wülflingerstrasse aufgrund des dringenden Bedarfs an Kleinwohnungen ein Wohnhotel (Bd2 E2) errichtet. Zwischen 1963 und 1967 errichtete die Firma Sulzer mit dem Sulzerhochhaus (Bd2 G4) und dem Bürogebäude an der Schützenstrasse (Bd2 g13) ihre Verwaltungsgebäude im südöstlichen Teil der Schützenwiesen, gegenüber ihrem grossen Industriequartier im Tössfeld. Das Verwaltungszentrum wurde in den Jahren 1986 bis 1990 erweitert, und mit der weiträumigen Platzgestaltung an der Zürcherstrasse ein überzeugender urbaner Freiraum geschaffen. In den Jahren 1971 bis 1974 wurde an der Wülflingerstrasse die gewerblichindustrielle Berufsschule (Bd2 E3) erbaut. Mit der Einführung der S-Bahn 1990 gewann das Neuwiesenquartier weiter an Bedeutung. Die Nähe zum Bahnhof und die guten öffentlichen Verbindungen machten diesen Stadtteil zu einem attraktiven Gebiet für den Dienstleistungssektor. So bauten die Winterthur Versicherungen ein Bürogebäude und ihr Rechenzentrum zwischen der Gertrud- und der Paulstrasse (Bd2 E1, e5) und die Krankenfürsorge Winterthur ihren Erweiterungsbau an der Konradstrasse (Bd2 e6). Diese Gebäude sind der Öffentlichkeit nicht zugänglich und verdrängten die ursprünglich im Quartier vorhandenen Läden und Wohnungen. Somit besteht die Gefahr, dass das Neuwiesenquartier zu einem nur tagsüber belebten Dienstleistungszentrum verkommt.

BÜROGEBÄUDE WINTERTHUR VERSICHERUNGEN STUTZ & BOLT
PAULSTRASSE 9   1989-1993

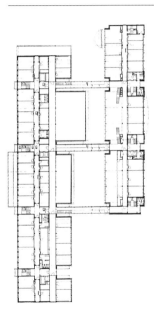

Trotz der hohen Ausnutzung versucht das Gebäude den ursprünglichen städtebaulichen Ansatz des Neuwiesenquartiers weiterzuführen. Die beiden Strassenräume werden durch fünf- bis sechsgeschossige Blockrandbauten gefasst, welche in ihrem Aufbau unterschiedlich auf die jeweilige Nachbarschaft reagieren. Der Innenhof ist teilweise mit niedrigen Hofbauten belegt. An der Paulstrasse besteht der Blockrand aus einer Addition ähnlicher Einzelelemente. Die Natursteinfassade betont den städtischen Charakter des Strassenzuges. Die Gertrudstrasse wird durch einen in seiner Länge betonten Backsteinbau begrenzt. Er schafft in seiner Materialisierung und in seinem Massstab einen klaren Bezug zum nahe gelegenen Industriequartier. Im Inneren entsteht vor allem im Erdgeschoss eine intensive räumliche Verbindung von Gebäude und Innenhof. Foyer, Personalrestaurant und Cafeteria sind deshalb ausschliesslich zum Hof hin orientiert.

WOHNHOTEL WÜLFLINGERSTRASSE 15

PAUL OTTO WALTI, ZÜRICH
1931, 1950

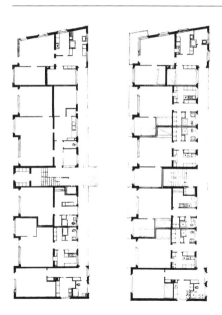

Um dem drängenden Bedürfnis nach Kleinwohnungen für alleinstehende berufstätige Frauen entgegenzukommen, wurde auch in Winterthur ein Wohnhotel realisiert. In den vier Etagen sind insgesamt 21 Wohnungen untergebracht: fünf Dreizimmer-, zehn Zweizimmer- und sechs Einzimmerwohnungen. Ein zentrales Treppenhaus mit Lift erschliesst die Wohnungen über strassenseitige Laubengänge. Durch den Eingangsbereich mit links und rechts angeordneter Küche und Nasszelle betritt man die nach Süden orientierten Zimmer mit Balkon. Dieser bietet einen Sichtschutz gegen die Nachbarwohnung. Die Einzimmerwohnungen verfügen über eine Bettnische, die sich mit Vorhängen gegen den Raum abtrennen lässt. Auf eine gute Schallisolation wurde grosser Wert gelegt. 1950 wurde im Zuge einer Renovation dem Gebäude ein flaches Walmdach aufgesetzt. Das Gebäude hat aber durch diesen Eingriff in seiner städtebaulichen Prägnanz kaum gelitten.

GEWERBLICHE BERUFSSCHULE
WÜLFLINGERSTRASSE 17

PETER STUTZ
1971-1974, 1994

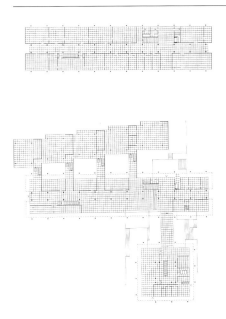

Das aus einem öffentlichen Wettbewerb hervorgegangene Projekt zeichnet sich durch einen einfachen, klaren Aufbau und eine konzentrierte Bodennutzung zugunsten weiträumiger Aussenbereiche aus. Die funktionellen und konstruktiven Hauptelemente bleiben im gewählten Gestaltungsprinzip allseitig ablesbar. Die Tragkonstruktion ist eine Kombination aus Stahl und Eisenbeton. Eine davon unabhängige Raumgliederung gewährleistet eine optimale Flexibilität. Diese Disposition erlaubt eine weitgehend freie Raumnutzung und eine einheitliche Ausbildung aller raumabschliessenden Elemente. Diese nehmen wie alle verwendeten Bauteile Bezug auf den Grundraster von 90 mal 90 Zentimetern. Feste Lamellen und begehbare Roste gewährleisten den Sonnenschutz und dienen dem Unterhalt der Fassade, welche ursprünglich in Cortenstahl ausgeführt war. Bei der Gesamtsanierung im Jahr 1994 wurde dieser durch einbrennlackiertes Aluminium ersetzt.

Beschriebene Bauten:

F1	Kirche St. Laurentius / Oberfeldweg 17 / Hermann Baur, Basel / 1958-1959
F2	Wohnüberbauung / Holzlegistrasse 15a+b, Riedhofstrasse 25 / Hans Binder / 1995-1997
F3	Überbauung Härti / Wülflingerstr. 386, 388 / Hermann Siegrist / 1963-1964, 1966-1968
F4	Terrassensiedlung / Haltenrebenstrasse 100-122 / Anton Brunold / 1969-1971
F5	Mehrfamilienhaus im Hard / Im Hard 23-35 / Cerfeda, Fent, Zollinger / 1991
F6	Kindergarten Wülflingen / Rappstrasse 20 / Franz Scheibler / 1946, 1995
F7	Teppichsiedlung / Burgstrasse 16-24 / Ulrich Baumgartner / 1958-1961
F8	Haus Tavernaro / Burgstrasse 12 / Dahinden & Heim / 1992-1993
F9	Terrassensiedlung / Im Morgentau 15a-21c / Hans Weishaupt / 1978
F10	Fussgängersteg / Im Schlosstal / Walter Pfeiffer / 1933

Weitere sehenswerte Bauten:

f11	Terrassensiedlung / Haltenrebenstrasse / Robert & Beat Rothen / Projekt
f12	Siedlung Hardau / Hardau 1-80 / Franz Scheibler / 1943-1944

WÜLFLINGEN, NIEDERFELD, HARD F

Wülflingen war ein unregelmässig sternförmiges Bauerndorf an der Eulach. Im 19. Jahrhundert entstanden entlang der Töss mit der Spinnerei Hard, der ersten mechanischen Spinnereianlage der Schweiz (Bd1 F1), der Wespimühle, einer Papierfabrik, und der Spinnerei Beugger (Bd1 F2) mehrere Industrieanlagen.[38] Letztere bildete 1922, zur Zeit der Eingemeindung, zusammen mit dem Bahnhof und der Wespimühle einen eigenen kleinen Siedlungsteil in Sichtweite zum alten Dorfkern.[39] Dieser hatte bis zu diesem Zeitpunkt seine dörfliche Struktur bewahrt. Die Ebene östlich des Dorfes war bereits im Jahre 1898 zur Bauzone erklärt worden.[40] Für die Oberwiesen und das Oberfeld projektierte Albert Bodmer 1927 einen Bebauungsplan, welcher die Rasternetze des Neuwiesen- und des Veltheimer Blumenauquartiers fortsetzen sollte.[41] Dieser rechtwinklige Rasterplan mit der Wülflingerstrasse als Ausfallachse wurde im Laufe des 20. Jahrhunderts mit mehreren Siedlungen und öffentlichen Bauten, wie der Kirche St. Laurentius (Bd2 F1), verdichtet. So fand das ehemals selbständige Dorf Wülflingen baulichen Anschluss an die Stadt Winterthur. Südlich des Dorfkernes, am Abhang des Brühlberges, entstanden an der Burgstrasse (Bd2 F7) und Im Morgentau (Bd2 F9) mehrere terrassenförmige Hangbebauungen mit einer herrlichen Fernsicht über das untere Tösstal. Im Schlosstal führt ein eleganter Fussgängersteg aus Beton (Bd2 F10) über die Töss zur Burg Alt Wülflingen. Die Autobahn mit ihrem kleeblattförmigen Zubringer bildet eine starke Zäsur im Westen des Dorfes. In Richtung Pfungen entstanden mit der Überbauung Härti (Bd2 F3), der Terrassensiedlung an der Haltenrebenstrasse (Bd2 F4) sowie der umgenutzten Spinnerei Hard (Bd1 F1) interessante Wohnformen. In neuester Zeit wurden die alten Strukturen des Dorfkernes mit neuen Wohnbauten (Bd2 F2) verdichtet.

KIRCHE ST. LAURENTIUS
OBERFELDWEG 17

HERMANN BAUR, BASEL
1958-1959

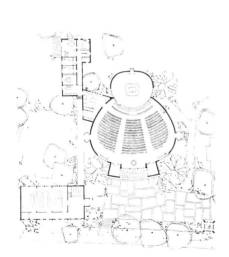

In dieser Kirche ist alles auf das Wesentliche beschränkt. 24 Betonstützen mit dazwischenliegenden Wänden aus rotem Sichtbackstein tragen die weitgespannte Betondecke, welche durch ein umlaufendes Lichtband von den Wänden abgesetzt ist. Taufstein, Altar mit Tabernakel und das frei dahinterstehende Kruzifix zeichnen sich durch edles Material aus. Die Kunstwerke von Albert Schilling, Hans von Matt und Ferdinand Gehr sind zeichenhafte Hinweise auf das Geistige, die Schöpfung und die Erlösung sowie den alten und den neuen Bund. Der 32 Meter hohe, elegant und leicht wirkende Glockenturm aus vorgefertigten Betonelementen betont, etwas abseits vom Hauptbau stehend, die Vertikale, das Himmelweisende. Der Saal und der Chor bilden im Grundriss zwei Ellipsen, die sich im Altarbereich überschneiden. Die Sängerempore, die über der eleganten, offenen Treppe beinahe zu schweben scheint, liegt an der reich gegliederten Rückwand.

WOHNÜBERBAUUNG HOLZLEGISTRASSE 15a+b, RIEDHOFSTRASSE 25

HANS BINDER
1995-1997

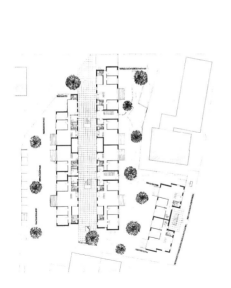

Die Bebauung bildet sowohl den Übergang als auch die Grenze zwischen der gewachsenen Dorfkernzone von Wülflingen und dem geometrisch strukturierten Wohnquartier Holzlegi im Westen. Es entstehen gleichzeitig dörfliche und urbane Aussenräume mit unterschiedlichen Stimmungen und Nutzungsmöglichkeiten. Das langgestreckte Gebäudepaar definiert eine halböffentliche Zugangs- und Kommunikationszone und ist an das für die Dorfkernzone typische Fusswegnetz angebunden. Alle Wohnungen sind durch aussenliegende Treppen über zwei Brücken erschlossen. Die Baukörper werden in Längsrichtung in eine vordere, zum ruhigen Garten hin orientierte Zimmerzone und in eine rückwärtige, auf den Innenhof bezogene Schicht mit den Nebenräumen gegliedert. Mit Zuschaltzimmern können die Wohnungsgrössen individuell verändert werden. Der dritte Baukörper schliesst die ehemalige Baulücke entlang der Riedhofstrasse.

ÜBERBAUUNG HÄRTI
WÜLFLINGERSTRASSE 386, 388

HERMANN SIEGRIST F
1963-1964, 1966-1968

Auf den ansteigenden Südhang des Taggenberges wurde mit zwei unterschiedlichen Bebauungstypologien reagiert. Die beiden Mehrfamilienhäuser an der Wülflingerstrasse 386 und 388 besetzen mit ihrem kompakten Volumen den Hangfuss, während die Häuser an der Haltenrebenstrasse 45-53 eher den Charakter einer Zeilenbebauung aufweisen. Interessant ist das Erschliessungskonzept der unteren beiden Blöcke, weil der Splitlevel im Treppenhaus nicht senkrecht, sondern parallel zum Hang gesetzt ist. Die um ein halbes Geschoss versetzten Wohnungen mit ihren Balkonen sind sehr gut an der Strassenfassade ablesbar. Die oberen vier Häuser der zweiten Etappe sind mit den bis zu sechs Zimmern umfassenden Wohnungen grosszügiger konzipiert. Sie öffnen sich mit weiten Terrassen und Erkern zum Garten und zur Aussicht hin. Beiden Etappen ist gemeinsam, dass die Gebäude durch niedrige Garagenzwischenbauten verbunden sind.

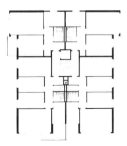
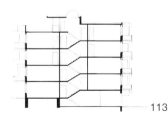

TERRASSENSIEDLUNG
HALTENREBENSTRASSE 100-122

ANTON BRUNOLD F
1969-1971 4

Die Bebauung am südlichen Hang des Taggenberges gilt als eine der ersten Terrassensiedlungen im Kanton Zürich. Die beiden Baueinheiten verfügen über Sechszimmerhäuser mit je 202 Quadratmetern Grundfläche und 92 Quadratmetern Terrassenfläche. Alle Wohn- und Nebenräume liegen auf einem Geschoss. Schwere Eisenbetondecken mit speziell isolierten Bodenbelägen garantieren eine gute Schalldämmung. Aussen sind die Wände in Sichtbeton belassen. Mit 25 Metern seitlichem Abstand ergeben sich weite Gartenräume. Zu jedem Haus gehört ein mit der Wohnterrasse verbundener Gartenanteil. Durch das geschossweise seitliche Versetzen der Häuser wurden die langen Zugangstreppen abwechslungsreich, und es entstanden Terrassen mit privaten Ess- und Ruheplätzen, die nicht eingesehen werden können. Der über die Treppenanlage vorgeschobene Wohnraum bietet mit seinen grossen Fenstern eine herrliche Fernsicht.

MEHRFAMILIENHAUS IM HARD
IM HARD 23-35

CERFEDA, FENT, ZOLLINGER
1991

In respektvollem Abstand zur bestehenden Scheune, welche zur ältesten mechanischen Spinnereianlage der Schweiz gehört, entstand dieses Mehrfamilienhaus. Im Gebäudekörper sind sechs individuell gestaltete Reihenhäuser und drei Etagenwohnungen integriert, welche von Norden her erschlossen sind. Wegen des abfallenden Terrains beginnt der 60 Meter lange Baukörper zwei- und endet dreigeschossig mit dreiseitig orientierten Etagenwohnungen. Auf der Südseite ist eine Vorzone integriert, die durch ein dem Gebäude vorgelagertes Raumgitter klar begrenzt wird. In dieser Zone liegen individuell gestaltbare Aussenbereiche, wie Balkone und Terrassen, ohne dass diese das einheitliche Gesamtbild des Gebäudes stören. Auf der Nordseite hat der Baukörper einen geschlossenen, muralen Charakter. Er zeigt mit der Einfachheit seiner Gestaltung und Materialisierung eine respektvolle Rücksichtnahme auf die bestehende, umgenutzte Manufakturanlage (Bd1 F1).

KINDERGARTEN WÜLFLINGEN
RAPPSTRASSE 20

FRANZ SCHEIBLER
1946, 1995

Bei diesem Kindergarten kommt die Kombination von Pavillonsystem und Freiluftschule zur Anwendung. Jede Einheit besitzt einen separaten Zugang zum Aufenthaltsraum, dem ein eigener abgeschlossener Aussenbereich zugeordnet ist. Die Kindergartenanlage von 1946 wurde 1995 von den Architekten Christoph Hänseler und Ruedi Lattmann um einen Sprachheilkindergarten ergänzt. Der neue Baukörper übernimmt die Pavillonstruktur der kammartig gegliederten Bauten und schliesst die Gesamtanlage im Westen gegen die stark befahrene Strasse ab. Der parkartige Aussenraum mit seinem schönen Baumbestand wird zum geschützten Hof für die Kinder. An die als Schutzschild gegen Lärm und Wetter in Sichtmauerwerk ausgebildete Westfassade schliesst ein Elementbau aus Holz an. Der einfach gestaltete, eingeschossige Neubau wird vom Zeltdach des Kindergartenzimmers geprägt und fügt sich wie selbstverständlich in diese Anlage ein.

TEPPICHSIEDLUNG BURGSTRASSE 16-24

ULRICH BAUMGARTNER
1958-1961

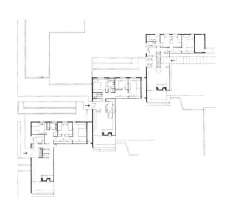

Die Gruppe von fünf Einfamilienhäusern zeigt eine moderne und städtische, aber zugleich auch individuelle Lösung des Wohnens. Sie stellt einen gelungenen Versuch einer Synthese von verdichtetem Bauen und dem Wunsch nach einem Eigenheim dar. Durch die Ausnützung des natürlichen Hanggefälles und eine entsprechende Gliederung in der Horizontalen wurde für jeden Bauherrn eine freie Sicht in die benachbarten Wälder und das untere Tösstal geschaffen. Durch eine geschickte Versetzung der Eingänge erhält jedes der Gebäude seine eigene Privatsphäre. Aus architektonischen und wirtschaftlichen Gründen beschränkte man sich auf wenige, einfache Baumaterialien. Die winkelförmigen Baukörper enthalten im Südteil die Schlafzimmer und Nebenräume, im Westteil die Wohn- und Arbeitsräume und im Untergeschoss einen Spielraum, ein Gast- und ein Angestelltenzimmer. Auf der Hangseite liegen die Keller- und Schutzräume.

HAUS TAVERNARO
BURGSTRASSE 12

DAHINDEN & HEIM F 8
1992-1993

Das am steil nach Westen abfallenden Brüelberghang gelegene, grosszügige Einfamilienhaus fällt durch seine strenge kubische Gestalt auf. Die Gebäudehülle wird durch einen im Grundriss rechteckigen Kubus definiert, dessen äussere Begrenzung durch ein weiss gestrichenes Sichtmauerwerk bestimmt ist. Das Gebäude ist so in den Hang geschoben, dass bergseits das Obergeschoss im Terrain liegt. Auf der Talseite tritt das Gebäude zweigeschossig in Erscheinung. An zwei Stellen ist der Kubus eingeschnitten: an der Westseite durch eine zweigeschossige Veranda, eine Übergangszone zwischen den verglasten Wohn- und Schlafräumen und dem Strassenraum, im zentralen Bereich durch den differenziert gestalteten Innenhof, der vielfältige und reizvolle Raumerlebnisse vermittelt. Die hochwertigen Materialien sind klar und einfach in ihrer formalen Anwendung und unterstützen die Qualität von Raum, Licht und Transparenz.

HAUS TAVERNARO
BURGSTRASSE 12

DAHINDEN & HEIM
1992-1993

Das am steil nach Westen abfallenden Brüelberghang gelegene, grosszügige Einfamilienhaus fällt durch seine strenge kubische Gestalt auf. Die Gebäudehülle wird durch einen im Grundriss rechteckigen Kubus definiert, dessen äussere Begrenzung durch ein weiss gestrichenes Sichtmauerwerk bestimmt ist. Das Gebäude ist so in den Hang geschoben, dass bergseits das Obergeschoss im Terrain liegt. Auf der Talseite tritt das Gebäude zweigeschossig in Erscheinung. An zwei Stellen ist der Kubus eingeschnitten: an der Westseite durch eine zweigeschossige Veranda, eine Übergangszone zwischen den verglasten Wohn- und Schlafräumen und dem Strassenraum, im zentralen Bereich durch den differenziert gestalteten Innenhof, der vielfältige und reizvolle Raumerlebnisse vermittelt. Die hochwertigen Materialien sind klar und einfach in ihrer formalen Anwendung und unterstützen die Qualität von Raum, Licht und Transparenz.

TERRASSENSIEDLUNG IM MORGENTAU 15a-21c

HANS WEISHAUPT 1978

Beim Bau dieser Hangsiedlung konnte eine Bebauungsform von hoher Wohnqualität realisiert werden, die trotz ihrer Dichte Individualität und private Aussenräume gestattet. Die Anlage besteht aus 18 Wohneinheiten mit vorwiegend fünfeinhalb Zimmern, gross dimensionierten Nebenräumen und je einer vorgelagerten Terrasse. Vier quer zum Hang laufende, in die Gebäudestruktur integrierte Treppenanlagen erschliessen die einzelnen Häuser aus zwei Richtungen. Die nach Westen abgewinkelte Grundrissform nimmt Rücksicht auf die Gegebenheiten einer schwierigen Hanglage. Durch die Staffelung entstehen geschützte Eingänge, und lange Treppenfluchten werden vermieden. Die Wohnungen öffnen sich gegen eine grosse Terrasse, welche durch ihre abgewinkelte Form den Nachbarn wenig Einsichtmöglichkeiten bietet. Diese teilweise bepflanzten Aussenbereiche liegen zudem im Lärmschatten der im Tal vorbeiführenden Autobahn.

FUSSGÄNGERSTEG IM SCHLOSSTAL

WALTER PFEIFFER
1933

Das elegante Bauwerk mit einer Spannweite von 38 Metern wurde nach dem System von Robert Maillart in armiertem Beton ausgeführt. Der Bogen und die Fahrbahn bilden eine statische Einheit. Der Bogen leitet die Längskräfte in die Auflager, während die Fahrbahn die Biegemomente übernimmt. Gleichzeitig ist ein schlanker Bogen weniger empfindlich auf Temperaturschwankungen. Somit kam eine damals äusserst feine und kühne Konstruktion zur Anwendung. Der trogförmige Brückenträger mit einer Höhe von 54 Zentimetern fügt sich mit einer leichten Gegenkrümmung in natürlicher Weise in die Ufer ein. Im mittleren Bereich verschmilzt der 14 Zentimeter starke Versteifungsbogen mit dem Brückenträger. Uferseitig stützt er sich auf die aus dem Baugrund hervorstehenden Widerlager. Das Geländer folgt mit seinen feinen Pfosten dem Schwung der Brücke und unterstützt deren Dynamik. Gegen die Ufer ist der Brückentrog leicht verbreitert. Mit dem Ausbau der Schlosstalstrasse wurde das geschwungene Brückenende leider abgetrennt.

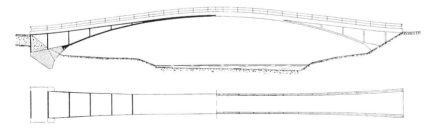

Beschriebene Bauten:

G1	Haus Saas / Wölflinweg 9 / Arthur Reinhart / 1929-1930	
G2	Reihenhäuser / Brühlbergstr. 42-48, Mythenstr. 48-58 / Reinhart, Ninck, Landolt / 1931	
G3	Anton Graff Haus / Zürcherstrasse 28 / Kellermüller & Lanz / 1968-1969	
G4	Sulzerhochhaus / Neuwiesenstrasse 15 / Suter & Suter, Basel / 1963-1966	
G5	Neugestaltung Sulzerareal / Zürcherstrasse / Nouvel & Cattani, Paris / Projekt	
G6	Neues Kesselhaus / Zürcherstrasse / Suter & Suter, Basel / 1954-1957	
G7	Werkstattgebäude / Tössfeldstrasse / Baubüro Sulzer / 1930-1931	
G8	Architekturabteilung TWI / Tössfeldstrasse 11 / H. Eppler, Baden; St. Mäder, Zürich / 1992	
G9	Siedlung Schöntal / O. Schöntalstr. 21-27, Zürcherstr. 63, 65 / L. Völki / 1930-1934 (Bd1 g15)	
G10	Betriebsgebäude Städtische Werke / Untere Schöntalstr. 12 / Theo Hotz, Zürich / 1994-1996	

Weitere sehenswerte Bauten:

g11	Atelierhaus Meier / Brünnelihöhestrasse 12 / Adolf Kellermüller / 1936-1937	
g12	Werkstattgebäude Garage Erb / Waldhofstrasse 4 / Heinrich Irion / 1963	
g13	Bürogebäude Sulzer / Zürcherstr. 12 / Suter & Suter, Basel; Stutz & Bolt / 1954-1956, 1990	
g14	Reiheneinfamilienhausanbau / Giesserstr. 21 / M. Wagner, Th. Seiler, Zürich / 1995-1996	
g15	Storchenbrücke / Breite-, Untere Briggerstrasse / Höltschi & Schurter, Zürich / 1995-1996	

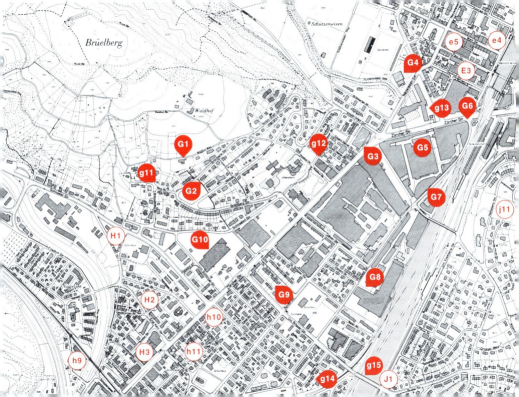

BRÜHLBERG, TÖSSFELD G

Der südliche Hang des Brühlberges war bis kurz vor der Jahrhundertwende mit Reben bewachsen. Seit seiner Erschliessung 1896 bewahrte er den Charakter einer durchgrünten Gartenstadt und wurde im Laufe der Zeit mit Wohnnutzungen verdichtet (Bd2 G2)[42]. Zwischen dem Brühlberg und den Flüssen Töss und Eulach liegt das Tössfeld, welches im Osten durch den grossen Bahnkorridor mit dem Rangierbahnhof begrenzt ist. Das Gebiet erhielt seine industrielle Prägung im 19. Jahrhundert durch die Unternehmungen der Gebrüder Sulzer (Bd1 G4) und der Schweizerischen Lokomotiv- und Maschinenfabrik SLM (Bd1 G6).[43] In der ersten Hälfte des 20. Jahrhunderts sind diese bis zur Grösse der Altstadt angewachsen (Bd2 G6, G7, G8). Die Auslagerung der Produktion aus der Stadtmitte nach Oberwinterthur (Bd2 M1)[44] und der Niedergang der Schwerindustrie zugunsten anderer Produktionszweige nahmen den riesigen Hallen ihre ursprüngliche Funktion. Seit dem Beginn der 1990er Jahre wird versucht für grosse Teile dieser Industrieanlagen neue Nutzungen zu finden, ohne die Hallen in ihrer ursprünglichen Struktur und in ihrem Charakter zu verändern (Bd2 G8). Mit dem Projekt Megalou (Bd2 G5) liegen weitere zukunftsweisende Ideen für eine Um- und Neunutzung vor. Ebenfalls typisch für das Tössfeld sind die zahlreichen Arbeitersiedlungen, die grösstenteils von der "Gesellschaft für Erstellung billiger Wohnhäuser" GEbW errichtet wurden. Viele Siedlungen sind noch in gutem Zustand erhalten. In den spartanisch gehaltenen Wohnungen mussten oft Bäder und neue Küchen eingebaut werden, um sie den heutigen Wohnanforderungen anzupassen. Viele Gebäude erfuhren eine substanzschonende Sanierung, ohne dass dabei günstiger Wohnraum verloren ging. Durch diese Erneuerungen wurden die einstigen Wohlfahrtshäuser überflüssig und für neue Nutzungen umgestaltet.

HAUS SAAS
WÖLFLINWEG 9

ARTHUR REINHART
1929-1930

An einer herrlichen Aussichtslage am Brühlberg liess sich Dr. Saas eines der ersten Landhäuser in Winterthur im Stile des "Neuen Bauens" errichten. Das Einfamilienhaus kann als Hauptwerk des Architekten bezeichnet werden. Es steht in einem grossen Garten und definiert mit seinem Baukörper die Geländekante des Hanges. Gegen die Strasse und gegen Norden ist die Fassade geschlossen und nur mit wenigen Fenstern durchbrochen. Gegen den Garten und gegen Süden öffnet sich das Gebäude mit grossen Fenstern und Balkonen. Der Grundriss hat eine klare L-Form. Vertikal ist der Bau in ein Sockel-, Wohn- und Schlafgeschoss gegliedert. Das Flachdach kann als Solarium benutzt werden. Das Erdgeschoss wird über die Eingangshalle mit einer Garderobe betreten. Im Südflügel des Hauses befindet sich die grosse Küche mit einem Office, über welches das Esszimmer bedient werden kann. Im Westflügel liegen das Wohnzimmer und die Bibliothek sowie ein Raum, der sich mit einem grossen Fenster und einem erkerartigen Vorsprung an der Nordfassade abzeichnet. Dem Gebäude ist gegen Süden eine grosse Terrasse vorgelagert, von der aus zwei Treppen in den Park mit seinem schönen Baumbestand führen. Über eine einläufige Treppe wird das Obergeschoss erschlossen. Dieses beherbergt im Südflügel das Elternschlafzimmer mit Bad und ein Mädchenzimmer mit einem Schrankraum. Entlang einem langen Gang sind im Westflügel das Badezimmer mit Putzraum, die drei Schlafzimmer der Söhne, das Gäste- und das Angestelltenzimmer aufgereiht. Ein winkelförmiger Balkon, der ursprünglich mit Glas überdeckt war, ist den Schlafräumen vorgelagert. Eine ähnliche Raumkonzeption wählte der Architekt 1932 beim Haus Weiss (Bd2 J2) an der Breitestrasse. Der Umbau des Sockelgeschosses zu einer Wohnung erfolgte 1990 durch den Architekten Peter Spoerli.

REIHENHÄUSER
BRÜHLBERGSTRASSE 42-48, MYTHENSTRASSE 48-58

REINHART, NINCK, LANDOLT 1931

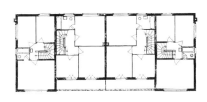

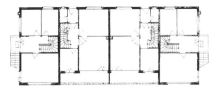

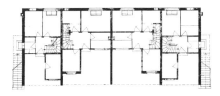

Die beiden Reihenhauszeilen in der Formensprache des "Neuen Bauens" liegen am steilen Südhang des Brühlbergs. Die untere Zeile, von der Mythenstrasse zurückgesetzt, ist aus sechs identischen, jeweils gespiegelten Einheiten aufgebaut. Die obere Zeile besteht aus vier Einheiten und wird von der Brühlbergstrasse her erschlossen. Diese Reiheneinfamilienhäuser, bei denen sich die mittleren von den Eckhäusern unterscheiden, reagieren subtil auf die ansteigende Strasse. Von der Bergseite her betrachtet, erkennt man die Zeile mit ihren vier aneinandergebauten Wohneinheiten, während sie zur Talseite als einheitlicher, symmetrischer Baukörper in Erscheinung tritt. Einen einfacheren Aufbau zeigt die Reihenhauszeile an der Mythenstrasse. Sie setzt die Folge der Reiheneinfamilienhäuser fort, welche 1921 von den Architekten Rittmeyer und Furrer gebaut wurden. Beide Zeilen sind konventionelle, verputzte Massivbauten mit Lochfassaden.

ANTON GRAFF HAUS
ZÜRCHERSTRASSE 28

KELLERMÜLLER & LANZ
1968-1969

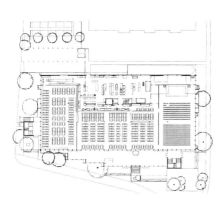

Auf dem Grundstück der ehemaligen Villa Rieter entstanden das Personalrestaurant und die Berufsschule der Firma Sulzer. Das Gebäude bildet, zusammen mit den Bürobauten der Firma Sulzer (Bd2 g13) und dem Hochhaus (Bd2 G4) nördlich der Zürcherstrasse, den westlichen markanten Eckbau der einheitlichen Gesamtüberbauung gegenüber den grossen Produktionsanlagen südlich der Zürcherstrasse (Bd1 G4). Das Sokkelgeschoss beherbergt die Kantine mit Küche und einen Mehrzwecksaal. In den oberen Geschossen ist die firmeneigene Berufsschule untergebracht. Für alle Mitarbeiter sollte die Kantine auf kurzem Weg erreichbar sein, aber dennoch ausserhalb des Werkareals liegen. Die Berufsschule ist von allen Seiten gut zugänglich und liegt in der Nähe der Lehrwerkstätten und des Bahnhofes. Die Konstruktion besteht aus einem Stahlskelett mit Geschossplatten aus Eisenbeton und einer Fassadenverkleidung aus Metall.

SULZERHOCHHAUS NEUWIESENSTRASSE 15

SUTER & SUTER, BASEL G
1963-1966 4

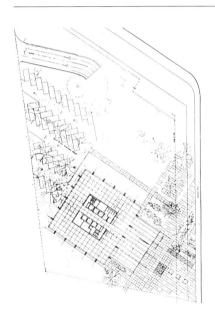

Die Stadt wird noch heute durch diesen vertikalen Solitärbau, dem damals höchsten Gebäude der Schweiz, dominiert. Der Bau weist einen quadratischen Grundriss mit einer Seitenlänge von 30.55 Metern auf. Mit seinen 24 vollklimatisierten Bürogeschossen ist er 92.4 Meter hoch und in 15 Metern Tiefe auf einem Plattenfundament verankert. Ausgeführt wurde der Bau als Stahlkonstruktion um einen betonierten Kern. Dieser beinhaltet die Vertikalverbindungen wie Lifte, Treppenhaus und Installationsschächte. Um diesen Kern sind die Büros angeordnet. Diese können durch mobile Trennwände in ihrer Grösse verändert werden. Die Fassadenstützen und die Fensterelemente wurden mit Aluminiumblech verkleidet. Das Sulzerhochhaus spielte für das Firmenimage in der damaligen Zeit eine wichtige Rolle, denn nach aussen sollte das Bild eines internationalen Industriekonzerns vermittelt werden. Ursprünglich war ein zweites, identisches Hochhaus geplant.

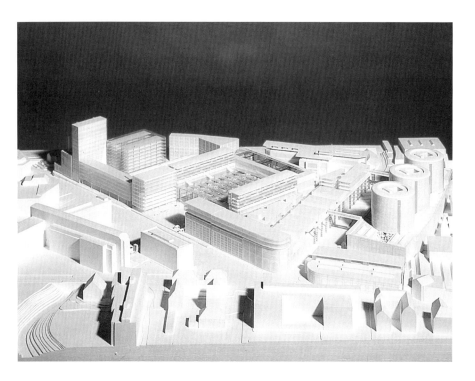

NEUGESTALTUNG SULZERAREAL ZÜRCHERSTRASSE

NOUVEL & CATTANI, PARIS
PROJEKT G5

Nachdem der Produktionsstandort Winterthur für die Firma Sulzer an Bedeutung verloren hatte, wurden neue Nutzungen für die leerstehenden Hallen gesucht (Bd1 G4). Eine Planung sah vor, das ganze Industrieareal in der Grösse der Altstadt abzubrechen und darauf ein postmodernes "Winti Nova" zu errichten. Diese Studie löste unter Architekten, Denkmalpflegern und der Öffentlichkeit eine Kontroverse aus. Im Herbst 1989 fand unter dem Titel "Die Neustadt aus der Werkstatt" eine breite Diskussion statt, die ein Umdenken bei den Beteiligten auslöste. Es wurden die städtebauliche und kulturelle Bedeutung des Areals und der architektonische Wert der Bausubstanz erkannt. Die Umnutzung der bestehenden Strukturen erforderte ein Gesamtkonzept, welches die Stadt zusammen mit Sulzer erarbeiten sollte. In der Folge wurde ein internationaler Studienwettbewerb ausgeschrieben, den die Pariser Architekten Jean Nouvel und Emmanuel Cattani 1990 gewannen. Ihr Projekt "Megalou" respektiert die gewachsene Struktur, indem es innerhalb des alten Industrieareals in Etappen eine moderne Stadt entstehen lässt. Dabei wird auf der Höhe des Bürogebäudes von Sulzer (Bd2 g13) an der Zürcherstrasse die Häuserfront aufgebrochen, um das einst als "Verbotene Stadt" bezeichnete Areal zu öffnen. Der bestehende Platz wird so über die Strasse vergrössert. Als Tor zum neuen Platz flankieren zwei neue Bauten die 1910 erbaute "Hektarenhalle". Sie wird zur gedeckten "Shopping-Mall" ausgebaut und bildet als Passage das Zentrum der Umnutzung der ersten Etappe. Materialien wie Stahl und Glas schaffen Transparenz und Offenheit. In Zukunft sollen auf dem Industrieareal 3'300 Arbeitsplätze und 350 Wohnungen entstehen. Damit erhält Winterthur die Chance, sich an zentraler und gut erschlossener Lage weiterzuentwickeln und ein einmaliges Industriedenkmal mit neuem, vielfältigem Leben zu aktivieren.

NEUES KESSELHAUS ZÜRCHERSTRASSE

SUTER & SUTER, BASEL G
1954-1957 6

9 Heizerstand
10 Öltankanlage
11 Rauchgasventilatoren
12 Wasserreservoir
13 Fernleitungskanal

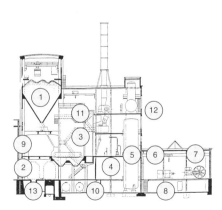

Um zusätzliche Wärmeenergie für die neu entstandenen Bürogebäude 200 und 201 (Bd2 g13) liefern zu können, war eine neue Heizzentrale nötig. Unter Einbezug des alten Kesselhauses wurde wegen der knappen Raumverhältnisse am gleichen Standort ein städtebaulich sehr markantes Gebäude gebaut. Das Treppenhaus beherbergt ein Büro, ein Magazin und den Waschraum. Der Bunkerteil besitzt vier Kohlesilos (1) mit je 400 Tonnen Inhalt und einen auskragenden Greifkran. Sein Erdgeschoss wurde zu einer Lokomotivenremise (2) ausgebaut. Im Hauptbau liegen der Strahlungskessel (3), die Pumpen (4) und der Speicher (5). In der alten Maschinenhalle stehen der Generator (6) mit dem Luftkompressor (7) und dem Kühler (8). Die funktionelle Fassade besteht aus einem Stahlbetonskelett mit Sichtbacksteinausfachung. Das 1900 gebaute, als Wahrzeichen wirkende Backsteinhochkamin musste durch zwei Stahlblechhochkamine ersetzt werden.

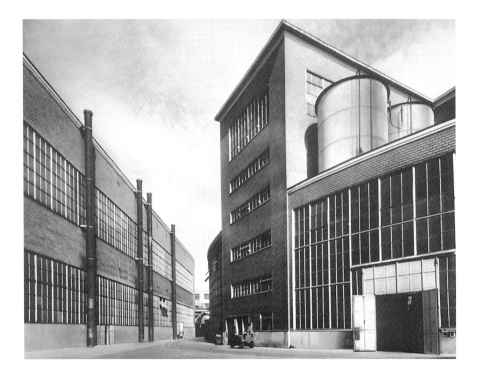

WERKSTATTGEBÄUDE TÖSSFELDSTRASSE

BAUBÜRO SULZER G 7
1930-1931

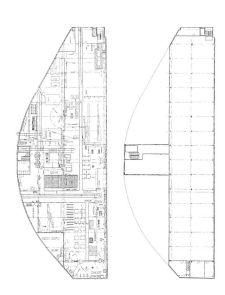

Während der Epoche des "Neuen Bauens" entstanden im Fabrikbau klare, rein funktionale Lösungen. Die Wirtschaftlichkeit und technische Zweckmässigkeit der Bauten sowie eine optimale Ergonomie am Arbeitsplatz und im gesamten Produktionsablauf wurden immer mehr berücksichtigt. Daneben fand einzig die Werbung noch Beachtung. Jedoch wurde nicht mehr mit einer Monumentalisierung der Bauformen (Bd1 G6), sondern direkt mit Aufschriften an der Fassade geworben. Dieser Stahlskelettbau mit freiem Grundriss wird wegen seiner geschwungenen, roten Eternitfassade als "Rundbau" bezeichnet. Zusammen mit der gegenüberliegenden, gleichzeitig erbauten Dieselmotorenmontagehalle bildet er ein bemerkenswertes städtebauliches Ensemble. Die beiden Gebäude definieren durch ihre Form und gegenseitige Stellung einen einmaligen Freiraum. Heute finden hier kulturelle Veranstaltungen wie Musicals und Ausstellungen statt.

ARCHITEKTURABTEILUNG TWI TÖSSFELDSTRASSE 11

EPPLER, BADEN; MÄDER, ZÜRICH 1992

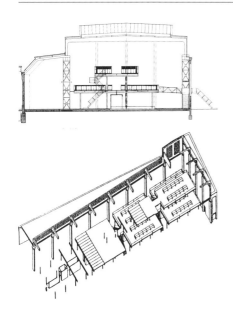

Die bestehende Halle wird in ihrer Baustruktur und Hülle nicht tangiert. Die Stahlkonstruktion mit den verschiedenen Decks für Zeichenplätze ist frei in die Halle gestellt. Alle Arbeitsflächen bleiben offen. Unter den Plattformen liegen die notwendigen Zonen für Vorlesungen und Seminarien, eine Bibliothek und Dozentenarbeitsplätze. Die offenen Strukturen der Galerien lassen einen Atelierbetrieb zu. Von den breiten und langen Erschliessungsstrassen im Erdgeschoss werden die Decks durch Treppen und Brücken erschlossen. Halbhohe Gestelle begrenzen Zonen für einen gruppenweisen Unterricht. Durch die grosszügigen äusseren Raumschichten zwischen der Gebäudehülle und den Einbauten sind die baulichen Elemente klar ablesbar. Die ganze Halle wird mit ihren Spuren der Vergangenheit erlebbar. Die Umnutzung der alten Kesselschmiede ist ein gutes Beispiel dafür, wie die historische Bausubstanz eines Industrieareals umgenutzt werden kann.

SIEDLUNG SCHÖNTAL
OBERE SCHÖNTALSTR. 21-27, ZÜRCHERSTR. 63, 65

LEBRECHT VÖLKI
1930-1934

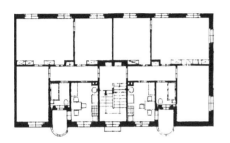

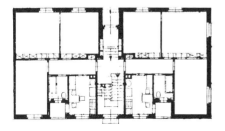

Der Bruch zwischen dem "Historismus" und dem "Neuen Bauen" kommt bei dieser Überbauung sehr gut zum Ausdruck. Die "Gesellschaft für Erstellung billiger Wohnhäuser" GEbW liess die Siedlung in zwei Etappen bauen. Bei der ersten Etappe von 1926 bis 1928, an der oberen Schöntalstrasse 16-26, wurden die dreigeschossigen Doppelblöcke noch mit Walmdächern erstellt (Bd1 g15). Die Eingangszone ist durch kleine Dachvergiebelungen und durch hervorgehobene Stürze betont. Die gegenüberliegenden Bauten der zweiten Etappe von 1930 bis 1934, an der oberen Schöntalstrasse 21-27, der Unteren Briggerstrasse 60-64 und der Zürcherstrasse 63, 65, bilden eine der frühesten Siedlungen der Nordostschweiz mit Flachdächern. Die Fassaden strahlen eine klare Sachlichkeit aus, wobei runde Balkone als plastische Elemente hervortreten. An der Unteren Briggerstrasse liegt das Getränkedepot mit einem weit auskragenden Dach.

TÖSS, NÄGELSEE H

Das ursprünglich aus dem engen Dorfkern von Töss und dem ehemaligen Dominikanerinnenkloster bestehende Gebiet, welches dem Stadtkern in Richtung Zürich vorgelagert ist, entwickelte sich im Laufe des 20. Jahrhunderts zu einem Industriequartier.[45] Dieses ist im Osten begrenzt durch die Bahnlinie Winterthur-Zürich, im Westen durch die Autobahn A1, welche entlang des Ebnet verläuft. Im Norden bildete die Grenzstrasse die Grenze zwischen der alten Gemeinde Töss und Winterthur. Das heutige Töss wird zu einem grossen Teil geprägt von der Firma Rieter, welche sich ab 1933 in der Tössschlaufe auf dem Areal des Klosters zu einer grossflächigen Industrieanlage entwickelte (Bd2 H4, H5, H6). Einen weiteren wichtigen Bestandteil dieses Quartiers bilden zahlreiche Arbeitersiedlungen (Bd1 H1, H3, H6). Zum grossen Teil wurden die Häuser durch den Ein- und Ausbau von Küchen und Badezimmern den heutigen Wohnanforderungen angepasst. Dennoch sind die Siedlungsstrukturen weitgehend im Originalzustand erhalten. Seit den 1950er Jahren ersetzen Neubauten die Gebäude des alten Dorfkerns. So entstanden an der Zürcherstrasse ein Einkaufs-, Kultur- und Wohnzentrum (Bd2 H3) und mehrere Geschäfts- und Wohnbauten (Bd2 h10, h12, h14). An der Stationsstrasse wurde von 1968 bis 1969 das Kirchgemeindehaus Töss gebaut. Es gehört zur nahen Kirche, welche in den Jahren 1854 und 1855 als Ersatz für die alte Kirche erbaut wurde, die in den Fabrikanlagen der Firma Rieter stand.[46] Das im Norden von Töss gelegene Quartier Nägelsee wird von alters her durch die Kirche St. Joseph (Bd1 H2) und den Schlachthof (Bd2 h7), einen sachlich-modernen Bau von 1936 bis 1937, dominiert. 1969 entstand neben der Kirche ein Pfarreizentrum (Bd2 h8). Trotz grosser baulicher Verdichtung haben die Gebiete Töss und Nägelsee ihren industriellen Charakter beibehalten.

ÜBERBAUUNG SCHLOSSTAL
SCHLOSSTALSTRASSE 31, FRIEDLIWEG 1-5

ULRICH SCHEIBLER H 1
1964-1965

In der heterogenen Bebauung der Schlosstalstrasse, zwischen Töss und Wülflingen, bildet das auf drei Seiten von Strassen umschlossene Restgrundstück ein Dreieck, das durch zwei viergeschossige Wohnbauten belegt ist. Zwischen ihnen ist über der Garage ein Gartenraum aufgespannt. Die Wohnungen sind an den beiden Strassen unterschiedlich ausgebildet. Die 24 Kleinwohnungen längs der stark befahrenen Schlosstalstrasse werden über Laubengänge erschlossen und öffnen sich gegen Südwesten zum Garten hin. Die Wohnungen sind gegeneinander versetzt, so dass ein gestaffelter Baukörper entsteht. Drei Häuser mit 16 Ost-West-orientierten Familienwohnungen und acht Kleinwohnungen im südlichen Kopfbau wurden am Friedliweg zu einem Baukörper zusammengefasst. Im Laufe der Zeit wurde das einheitliche Erscheinungsbild der Überbauung teilweise durch die Erneuerung der Fenster und des Aussenanstrichs verunklärt.

KINDERGARTEN TÖSS
EMIL KLÖTI-STRASSE 18

WILDERMUTH & WALTI
1929

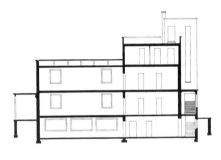

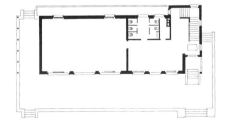

Der Kindergarten ist von der Strasse zurückgesetzt, um einer vorgelagerten Spielwiese mit Schwimmbassin Platz zu bieten. Beim "Neuen Bauen" stand die Funktion im Vordergrund. Aus ihr wurde die Form abgeleitet. Mit Disziplin und Strenge sind die Funktionen so zusammengefügt, dass ein asymmetrischer kubischer Aufbau entsteht. Im Gebäude liegen zwei Kindergartensäle, welche übereinander angeordnet sind. Im dritten Geschoss befindet sich die ehemalige Abwartwohnung mit einer grossen Dachterrasse. Ein hoher Treppenturm erschliesst alle Stockwerke. Quadratische Lochfenster rhythmisieren den Bau in der Horizontalen, während der Treppenturm mit langen Fensterschlitzen die Vertikalität betont. Der Kindergarten ist, mit Ausnahme von neuen Fenstern, im Originalzustand erhalten und stellt zusammen mit den Kindergärten im Äusseren Lind (Bd2 c14) und Seen (Bd2 L7) einen wichtigen Repräsentanten des "Neuen Bauens" der Region dar.

ZENTRUM TÖSS
ZÜRCHERSTRASSE 102-108

KLAIBER, AFFELTRANGER & ZEHNDER
1969

Das Zentrum bildet einen städtebaulichen Schwerpunkt in Töss. Die aus einem Wettbewerb hervorgegangene Anlage besitzt eine vielfältige Nutzungsdurchmischung und ein grosses Raumprogramm. Auf Strassenniveau führt ein Quartierplatz in eine weiträumige, gedeckte Ladenpassage mit einem Supermarkt, Läden, einer Bank- und Postfiliale. Darüber liegt eine zweite Ebene, die einerseits als Parkplatz, andererseits als Vorplatz für kulturelle Anlässe dient, welche im grossen Festsaal mit einer Bühne stattfinden können. Im Hoteltrakt befinden sich ein Restaurant, zwei Sitzungssäle, eine Bibliothek und 22 Gästezimmer. Das elfstöckige Wohnhochhaus setzt den markanten städtebaulichen Akzent. In ihm liegen Ein- bis Fünfzimmerwohnungen. Die Überbauung mit ihrem plastischen Formenspiel in Sichtbeton besitzt grosse gestalterische Spannung und ist ein typisches Beispiel für den "Betonbrutalismus" der 1960er Jahre in der Schweiz.

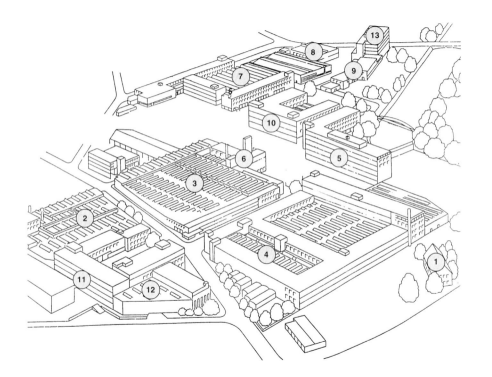

INDUSTRIEAREAL RIETER GILG & STADELMANN, ALBERT BLATTER
KLOSTERSTRASSE 20
ab 1908

H 4

Das Areal zeichnet sich durch eine kompakte Anlage mit zeittypischen Bauten aus, welche das Image des Konzerns widerspiegeln. An dieser Stelle befand sich das Dominikanerinnenkloster Töss, welches seit 1833 im Besitz der Firma Johann Jacob Rieter und Cie. war. 1854 wurden ihre Spinnerei und die Werkstätten von der Schlosstalstrasse 45-47 in Niedertöss an die Zürcherstrasse verlegt. Im Laufe der Expansion und Entwicklung der Firma zu einem international tätigen Spinnereimaschinenkonzern wurden die Klosterbauten allmählich durch neue Gebäude ersetzt. Die ehemalige Klostermühle (1), welche seit 1942 als Lehrlingsheim dient, ist als einziges Gebäude erhalten geblieben. Auf dem Gelände des ehemaligen Pfarrhauses steht der älteste Industriekomplex mit der 1908 erbauten und 1937 erweiterten Giesserei (2). Die Stahlskeletthalle fällt durch eine gerundete Ecke und die roten Schindeln auf. Um das Wachstum der Firma zu ermöglichen, bauten Gilg und Stadelmann bis in die 1950er Jahre eine Reihe von Hallen und Bürogebäuden. Die Eingangssituation wird durch die ab 1941 erbauten Hallen (3) für Montage, Packerei und Spedition sowie durch die 1947 umgebauten Werkhallen (4) bestimmt. Der Werkhof wird durch das Hauptbürogebäude (5) von 1946 abgeschlossen. Das Kesselhaus (6) von 1940 ist das höchste Gebäude der Anlage. Die Shedhallen (7) entlang der Rosenaustrasse entstanden 1950 und wurden 1953 erweitert. Deshalb musste die feingliedrige Holzlagerhalle (8), die vom Bülacher Ingenieur Meier für die Landesausstellung von 1939 entworfen worden war, in den südlichen Teil des Areals verlegt werden. Adolf Kellermüller entwarf 1949 das Wohlfahrtshaus (9) (Bd2 H5). Albert Blatter baute verschiedene Gebäude um. 1960 errichtete er die Werkhalle (10), 1962 bis 1966 Bürotrakte für die Giesserei (11), 1969 ein Gussmagazin (12) und 1990 das Trainingscenter (13) (Bd2 H6).

PERSONALRESTAURANT RIETER
INDUSTRIEAREAL RIETER

ADOLF KELLERMÜLLER
1949

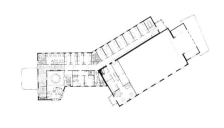

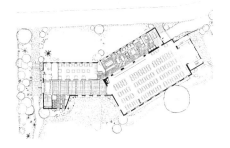

Die geknickte Gebäudeanlage des ehemaligen Wohlfahrtshauses ist auf die innere Ordnung der Fabrikbauten und den Flusslauf der Töss ausgerichtet. Die Grünanlagen bieten den Arbeitenden während der Mittagspause gute Erholungsmöglichkeiten abseits der Werkhallen. Beim Haupteingang lagen das Büro der Fürsorgerin und eine kleine Leihbibliothek. Der Erschliessungsgang führt an einem kleinen Bankettraum für 70 Personen vorbei, welcher auch als Garderobe verwendet werden kann. Der grosse, über zwei Geschosse reichende Saal mit 350 Plätzen bildet den Mittelpunkt des Wohlfahrtshauses. Er verfügt über eine kleine Bühne, für Konzerte und Vorträge. Die grossen, bis zum Boden reichenden Fenster schaffen eine enge Verbindung zur Grünanlage an der Töss. An das Gebäude wurde 1990 das Training Center angebaut (Bd2 H6). Damit ging die gewollte Eigenständigkeit des Wohlfahrtshauses innerhalb des Fabrikareals verloren.

HEILIGBERG, BREITE, VOGELSANG　　　　　J

Zwischen dem Nordhang des Eschenbergs und der Altstadt erheben sich der Heiligberg und das Büel. Der zwischen diesem Hügel und dem Eschenberg liegende Sattel, die Breite, senkt sich nach Osten zum Zelgli und nach Westen zum Vogelsang. Das seit seinen ersten Bebauungen mit grosszügigen Villen (Bd1 J7, J10) aus der zweiten Hälfte des 19. Jahrhunderts[47] und gartenstadtähnlichen, grossflächigen Überbauungen (Bd1 J3, j11, j12, j13) aus den 1910er bis 1930er Jahren typische Wohnquartier wurde im Laufe dieses Jahrhunderts zum grössten Teil mit Wohnbauten verdichtet.[48] Mit einem herrlichen Blick über die Altstadt, das Bahngelände und die grossen Industrieareale im Tössfeld (Bd1 G4, G6) entstanden auf dem Heiligberg drei in ihrer Architektursprache völlig unterschiedliche Wohnhäuser (Bd2 J4, J5, J6). Sie alle stehen in einem parkähnlichen, mit mächtigen Bäumen bestandenen Gelände in respektvollem Abstand zueinander. Ein gutes Beispiel des Verdichtens einer Einfamilienhausparzelle stellt der südlich der Stadtgärtnerei (Bd2 j10) liegende Wohnpavillon Kohler (Bd2 J3) dar. 1933 wurde über die Breite eine Autobuslinie eröffnet, welche 1946 durch einen Trolleybus ersetzt wurde. An dieser Linie entstanden ab 1950 einige Bushaltestellen von bemerkenswerter Eleganz und Modernität (Bd2 J1). Als gelungenes Beispiel einer Verdichtung gilt die Sanierung und Erweiterung der Eisweihersiedlung im Zelgli. Durch in Form und Material klar ablesbare Anbauten wurde die ursprüngliche Charakteristik der Reihenhäuser mit ihren Aussenräumen erhalten (Bd2 J8). Im Wildbachgebiet, welches einst vom Gewerbe geprägt war, definiert die Mittelschule Büelrain (Bd2 J7) den Übergang von der Eulachebene zum Hangfuss des Büels und des Heiligbergs. Alle Gebiete haben bis heute ihren für sie typischen Charakter einer offenen und durchgrünten Wohnbebauung erhalten.

BUSWARTEHALLEN ARTHUR REINHART, ULRICH BAUMGARTNER
STORCHENBRÜCKE, DEUTWEG, BREITE 1950, 1953, 1960

1893 scheiterte ein Projekt für eine Strassenbahn Winterthur-Töss-Illnau-Uster-Stäfa-Männedorf. Für das eidgenössische Schützenfest von 1895 richtete man ein Pferdetram ein, welches später von einer Tram- und Omnibusgenossenschaft übernommen wurde. 1898 nahm die erste städtische Strassenbahn den Betrieb von der Rudolfstrasse bis nach Töss auf. Die ausführende Firma J. J. Rieter und Cie. lieferte auch den Fahrstrom. Ab 1904 stammte dieser aus dem Elektrizitätswerk der Stadt. Nach dem Bau der Bahnunterführung wurde 1912 die Tösserlinie bis zum Bahnhof verlängert. 1914 eröffnete die Stadt drei weitere Linien: Stadtrain (via Stadthaus, Obertor, Römerstrasse), Deutweg (via Stadthaus, Graben, Tösstalstrasse) und Wülflingen. 1914 bauten die Architekten Fritschi und Zangerl das Tramdepot an der Tösstalstrasse 86. Die Linie Deutweg wurde 1922 bis nach Seen verlängert. 1931 baute man die Linie Stadtrain bis nach Oberwinterthur aus.

Um den vielbesuchten Friedhof Rosenberg besser zu erschliessen, führte die Stadt 1931 eine Autobuslinie ein. Noch heute steht beim Friedhofaufgang die muschelförmige Wartehalle von 1943. 1933 erschloss eine private Autobuslinie das Breitequartier, ab 1935 mit Beiträgen der Stadt. Aus betriebswirtschaftlichen Gründen beschloss Winterthur als erste Stadt der Schweiz, 1938 den Trolleybusbetrieb einzuführen. 1946 stellte die Stadt den ganzen Betrieb auf dieses moderne Verkehrsmittel um. Von 1949 bis 1953 errichtete das Hochbauamt unter Leitung des Stadtbaumeisters Arthur Reinhart mehrere Buswartehallen und Infrastrukturbauten mit weitauskragenden, dünnen Betondächern und transparenten, vorfabrizierten Betongitterwänden. Sie stehen an der Storchenbrücke, am Deutweg, beim Schulhaus Seen, in Zinzikon und am Reitweg. 1960 erbaute Ulrich Baumgartner die Wartehallen mit den markanten Dächern am Lindenplatz und in der Breite.

HAUS WEISS
BREITESTRASSE 23

ARTHUR REINHART
1932, 1964

Der Architekt verstand es bei diesem Wohnhaus in der Formensprache des "Neuen Bauens", die schwierige topografische Situation zu einer Qualität zu machen. Der kompakte Baukörper reagiert gegen die Bergseite mit einer L-Form. Die verputzte Nordfassade bildet mit wenigen, präzis gesetzten Fenstern den Rücken gegen die heute stark befahrene Breitestrasse, an der das Gebäude städtebaulich dominant steht. Im Untergeschoss liegen der Hauseingang, die Autogarage und die Kellerräume. Das Erdgeschoss mit der Küche, dem Ess- und Wohnzimmer öffnet sich mit grossen Fenstern gegen den auf der Südseite liegenden, ansteigenden Garten. Im Obergeschoss liegen die Schlafzimmer, die alle einen Zugang zum gemeinsamen Balkon haben. Das Gebäude erinnert in seiner Gestaltung an das vom gleichen Architekten errichtete Haus Saas am Brühlbergsüdhang (Bd2 G1). 1964 bauten die Architekten Sträuli und Rüeger einen Bürotrakt an.

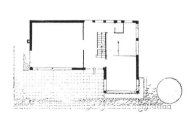

WOHNPAVILLON KOHLER
BÜHLHOLZ 4a

KISDAROCZI & JEDELE
1993-1994

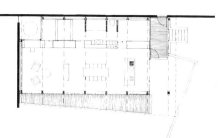

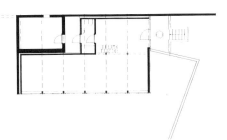

In einem grossen Garten mitten in einem Einfamilienhausquartier aus den 1950er Jahren entstand ein Wohnpavillon von bemerkenswerter architektonischer und struktureller Klarheit. Zwei Betonscheiben bilden den Rücken des flachgedeckten, feingliedrigen Baukörpers, der sich gegen Süden und Westen zum Park hin öffnet. Die Wände, die Glasfront und die Sperrholzplatten von Boden und Decke definieren den Wohnraum. Ein langes, beidseitig bedienbares Schrankelement, in das alle notwendigen Einbauten wie Schreibtisch, Kleiderschrank und Treppe zum Untergeschoss integriert sind, teilt den Raum in zwei Zonen: einen Wohn-, Ess- und Kochbereich mit vorgelagerter Terrasse und einen schmalen Bereich mit Ankleide, Badezimmer und dem über einen kleinen Hof belichteten Schlafraum. Das Blau der Schrankwand setzt einen kräftigen Akzent zum Buchensperrholzboden, der grau lasierten Sperrholzdecke und den verputzten und weiss gestrichenen Wänden.

HAUS REINHART
HOCHWACHTSTRASSE 10

ULRICH BAUMGARTNER 1963

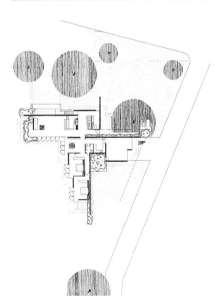

Auf dem Grundstück der abgebrochenen Villa Heiligberg, welche Ernst Jung 1872 nach einem Entwurf von Friedrich von Rütte für den Baumwollkaufmann Paul Reinhart-Sulzer gebaut hatte, fügt sich das Wohnhaus selbstverständlich in die leicht abfallende Parklandschaft ein. Im offenen, kreuzförmigen Grundriss wird das Kontinuum der Räume spürbar. Lange Wandscheiben führen zu den Wohn- und Ruhezonen des Hauses und bilden den Rücken der Räume, welche sich mit grossen Fenstern gegen den Garten öffnen. Im Zentrum des Hauses befinden sich die Küche mit dem Esszimmer und der Kamin des Wohnzimmers. Im Obergeschoss liegt ein weiterer Schlaf- und Wohnraum. Im Untergeschoss sind die Hauswirtschaftsräume und das Mädchenzimmer untergebracht. Durch die Betonung der Horizontalen und die Wahl der Materialien und Details erinnert das Wohnhaus an die Landhäuser des amerikanischen Architekten Frank Lloyd Wright.

HAUS REINHART
HOCHWACHTSTRASSE 12

PETER STAUB, ZÜRICH
1971-1972

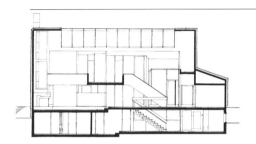

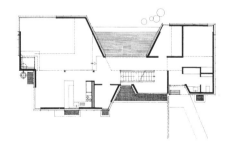

Um den wertvollen Baumbestand zu schonen und den Bewohnern eine intensive Beziehung zur Natur dieses herrlichen Ortes zu vermitteln, wurde das Wohnhaus zwischen die Bäume hineingebaut. Ursprünglich war es in Holz geplant, wurde aber schliesslich in Cortenstahl ausgeführt. Im Erdgeschoss liegen der Ess- und der Wohnbereich. Die Erschliessungszone verbindet und trennt zugleich die Wohn- und Schlafräume. Im Obergeschoss führt eine Galerie mit einem Oberlichtband zu den Schlafräumen und zum Atelier. Exakt gesetzte Fenster öffnen sich gegen den Park. Die sowohl organisch als auch kubisch wirkende Form und die rostbraune Farbe lassen das Haus zu einem Teil der Umgebung werden. Die Art, wie mit der Natur umgegangen wird, und die bewegt ineinander übergehenden, offenen Raumeinheiten erinnern an den 1966 von Charles Moore erbauten Sportclub auf der Sea Ranch in Sonoma Country in Kalifornien.

HAUS HEUSSER
HOCHWACHTSTRASSE 16

STEPHAN LÜTHI
1994-1995

Der in einem Park mit altem Baumbestand gelegene, weisse Holzbau fügt sich selbstverständlich in die topografische Situation ein. Der parallel zum Hang stehende, zweigeschossige Baukörper mit den Schlaf- und Nebenräumen bildet den Abschluss zur Zufahrtsstrasse. Die Wohn- und Arbeitsbereiche befinden sich im um ein Geschoss versetzten Flügelbau. Diese Anordnung der Kuben schafft hofartige Aussenräume. Im Inneren thematisiert die Wegführung die unterschiedliche Bedeutung der einzelnen Raumbereiche. Dabei projizieren grossflächige Verglasungen Landschaftsbilder in den Wohnbereich. Das moderne Holzbausystem mit hochisolierenden Elementen ermöglicht eine sparsame, schnelle und flexible Bauweise. Die Aussenverkleidung aus einer gestrichenen und konventionell angebrachten Brettschalung lässt die Elementstösse verschwinden. Auf die Einfachheit der Konstruktion und die Materialwahl wurde grosser Wert gelegt.

MITTELSCHULE BÜELRAIN
ROSENSTRASSE 1

ARNOLD & VRENDLI AMSLER
1990-1993

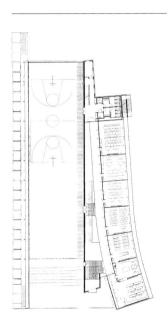

Mit der Aufreihung der Klassenräume entlang des Hangfusses und der Verlegung des Turnplatzes auf das Dach der beiden abgesenkten Turnhallen entstand trotz der knapp bemessenen Grundstücksfläche eine Schulanlage mit grosszügigen und unterschiedlichen Aussenräumen. Sämtliche Schulzimmer, die Verwaltung und der Konferenzraum sind gegen Südwesten, auf den ruhigen Hangbereich hin orientiert. Die vorgelagerten Fluchtbalkone schützen die grossen Fensteröffnungen vor der Witterung und der Sonneneinstrahlung und erleichtern den Unterhalt der Fassade. Die offene Korridorhalle mit ihren unterschiedlichen Aufenthaltsbereichen verbindet sämtliche Geschosse. Sie ist mit einer massiven Sichtbetonwand gegen den Lärm des Turnbereiches abgeschirmt. Diese Erschliessungszone wird geprägt durch das von oben durch die Sheds einfallende Tageslicht, welches der Halle ihre attraktive Licht- und Raumqualität verleiht.

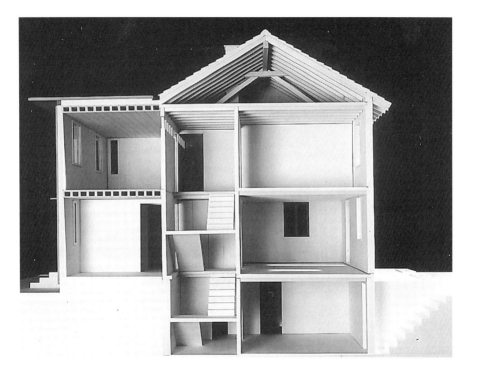

MATTENBACH, DEUTWEG, GRÜZEFELD   K

Diese Gebiete liegen in der Ebene, die von den Bachläufen des Mattenbachs und der Eulach durchzogen wird. Zu Beginn dieses Jahrhunderts waren die Bereiche zwischen der Altstadt und dem damaligen Dorf Seen beinahe unbebaut. Noch heute finden sich hier mit der Sportanlage Deutweg und einer Freihaltezone grosse Freiflächen. Die Gebiete in der Grüze und im Deutweg wurden im 19. Jahrhundert durch mehrere Industrieareale und die dazugehörenden Arbeitersiedlungen geprägt (Bd1 K3, K4, K5, K6, k14, k15, k16, k17, k18).[49] Von den 1930er bis zu den 1950er Jahren sind mit der steigenden Bevölkerungszahl mehrere Wohnüberbauungen, Schulhäuser (Bd2 K1, K2) und Kirchen (Bd2 K3, k16) gebaut worden. Die Felder im Mattenbach dienten vor allem der Landwirtschaft. Erst in der zweiten Hälfte des 20. Jahrhunderts sind hier, neben einem Einfamilienhausquartier entlang des Mattenbachs (Bd2 k17), mehrere Grossüberbauungen wie die Überbauung Grüzefeld (Bd2 K9) und mehrere Wohnhochhäuser (Bd2 K12) entstanden. Es wurden Versuche unternommen, die von den Architekten der "Klassischen Moderne" und des CIAM ("congrès international de l'architecture moderne") vielgepriesenen Stadtmodelle zu verwirklichen. Die Funktionen des Wohnens, des Arbeitens und der Freizeit sind durch grosse, durchgrünte Freiflächen getrennt. Das führte oft zu anonymen Wohnüberbauungen. Neben diesen wurde von 1964 bis 1967 das pavillonartige Schulhaus Gutschick gebaut. Der Bereich zwischen der Grüzefeld- und der St. Gallerstrasse besitzt seit der ersten Hälfte des 20. Jahrhunderts mit seinen vielen Industrie- und Lagerhallen den Charakter eines Randgebietes (Bd2 K5, K7, k20, k21). Das Mattenbachquartier zeigt den Versuch eines grossmassstäblichen städtebaulichen Planens und lässt an vielen Stellen das Verhältnis zum menschlichen Massstab vermissen.

GEWERBESCHULE
TÖSSTALSTRASSE 24

KELLERMÜLLER & HOFMANN
1948-1949

Das dreigeschossige Schulhaus ist einbündig, mit im Norden liegenden Erschliessungsgängen und einem zentralen Treppenhaus, organisiert. Die Unterrichtsräume wenden sich von der Strasse ab und öffnen sich zum weiten Parkgelände mit altem Baumbestand. Das lange, im Grundriss leicht geknickte Gebäude ist in seiner Anlage und Ausführung sehr einfach gehalten. Regelmässig angeordnete Quadratfenster mit einer einfachen Sprossenteilung und die vertikale Gliederung durch die Abfallrohre kennzeichnen die Strassenfassade. Diese zurückhaltende Gestaltungsweise erinnert an den Architekten Heinrich Tessenow. Die vorgesehene Betonskelettbauweise wurde im Zuge der Projektvereinfachung aufgegeben und das Schulhaus als reiner Massivbau mit gemauerten Wänden und Betondecken ausgeführt. Die Gewerbeschule bildet den Auftakt einer Reihe von Schulbauten, die Adolf Kellermüller in den darauffolgenden Jahren verwirklichte.

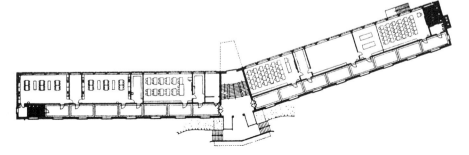

SCHULHAUS SCHÖNENGRUND
WEBERSTRASSE 2

FRANZ SCHEIBLER
1958-1959

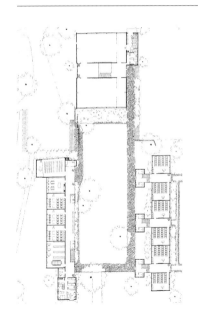

Mit dieser Anlage wurde ein erster Schritt in Richtung moderner Schulhausbau verwirklicht. Die Schulhausanlage besteht aus drei Trakten, die locker um einen grossen Pausenhof angeordnet und durch einen gedeckten Umgang miteinander verbunden sind. Der Klassenzimmertrakt ist in drei Einheiten zu je sechs Zimmern aufgeteilt. Diese sind auf die grosse Spielwiese hin orientiert. Hofseitig wird das lange Gebäude durch die Treppenhäuser gegliedert. Auf jedem Geschoss liegen zwei Klassenzimmer an einer sich nach Südosten öffnenden, gut belichteten Garderobenhalle. Im nordwestlichen Trakt sind die Handarbeitsräume, die Schulküchen, der Singsaal und ein Kinderhort sowie die Lehrerzimmer und eine Abwartwohnung untergebracht. Die Turnhallen begrenzen im Nordosten den geräumigen Schulhof. Die Baustruktur besteht aus einer Betonskelettkonstruktion mit gemauerten und verputzten Brüstungen und Trennwänden.

ZWINGLIKIRCHE
ZWINGLIPLATZ 2

JAKOB WILDERMUTH, EDWIN BOSSHARDT
1938-1940, 1961

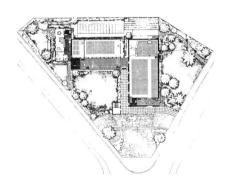

Die Architekten der Moderne haben sachlich funktionales Gestaltungsgut auch bei Sakralbauten angewandt. Sie wagten es, die altehrwürdigen Architekturformen des Kirchenbaus (Bd1 E2) mit den modernen technischen Mitteln des Eisenbetons zu gestalten. Zum ersten Mal in der Schweiz steht bei dieser Kirche der Turm leicht abseits vom Kultusgebäude. Das aus einem Wettbewerb hervorgegangene Projekt setzt mit seinem freistehenden, durch einen gedeckten Gang mit dem Hauptgebäude verbundenen Glockenturm einen markanten Akzent am Zwingliplatz. Eine offene Wandelhalle verbindet den Kirchturm mit dem stützenfrei überspannten Gottesdienstraum, dem Kirchgemeindesaal und dem Pfarrhaus. 1961 erweiterte Edwin Bosshardt die Anlage. Die grosse Bronzetüre, welche die Evangelisten Matthäus und Johannes zeigt, wurde 1940 von Otto Charles Bänninger gestaltet. Die Glasbilder schuf Louis Moilliet in den Jahren 1943 und 1944.

WOHN- UND GESCHÄFTSHAUS RENZ
OBERER DEUTWEG 59

WILDERMUTH & STOLZ
1932-1933, 1971

K 4

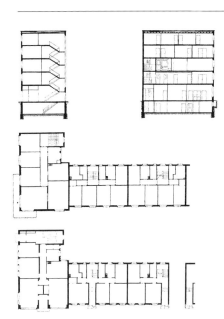

Das Wohn- und Geschäftshaus Renz wurde in drei Etappen geplant, welche aber nur teilweise realisiert wurden. Als erster Teil entstand das viergeschossige Wohngebäude mit einem Geschäft im Erdgeschoss. Mit seinem kompakten, weissgestrichenen Volumen dominiert es den Deutwegplatz. Das Thema der Ecke wird durch drei Balkone und die feine Profilierung noch verstärkt. Im Hof befindet sich das Molkereigebäude mit dem Käsekeller im Untergeschoss. Über der Anlieferungsrampe kragt ein dünnes Vordach aus. Ursprünglich betonte ein markanter Warenliftturm die Vertikale. Eine zweite Etappe entlang der Tösstalstrasse sah einen zweigeschossigen Wohnanbau mit einer Durchfahrt zum Hof vor. So wäre das Eckgebäude zum Kopf einer grösseren, zusammenhängenden Anlage geworden. 1971 verbanden die Architekten Klaiber, Affeltranger und Zehnder die beiden Einzelbauten durch einen gestaffelten Fabrikations- und Bürotrakt.

GARAGE FRANZ AG
ST. GALLERSTRASSE 106

FRANK KRAYENBÜHL, ZÜRICH
1971-1975

Das architektonische Konzept des Gebäudes basiert auf einer Raumordnung, welche durch U-förmige Mauern aus Stahlbeton definiert ist. Ein weitgespanntes, geknicktes Raumfachwerk überspannt sämtliche Gebäudeteile und bietet Raum für alle Installationen. Es dient auch als flexibler Werbeträger. Die Aussenhaut, welche vom Raumfachwerk durchdrungen wird, sowie ein Teil der Innenwände sind als Leichtbauelemente aus Blech- und Glaspaneelen zwischen die Stahlstützen gestellt. Die gesamte Konstruktion zeichnet sich durch eine sorgfältige Detailarbeit aus. Unter dem gemeinsamen Dach bietet der Bau eine Mehrfachnutzung mit Büros, einem Autoshop, einer Bar und Raumzonen für den Verkauf und den Service von Autos. Die Wohnungen und Nebenräume für das Personal liegen in den abgeschrägten Türmen. Ihre städtebauliche Präsenz soll den Vorbeifahrenden als schnell und gut erfassbares Erkennungszeichen dienen.

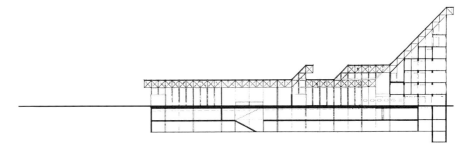

PERRONDÄCHER BAHNHOF GRÜZE

HANS HILFIKER, ZÜRICH
1954-1955

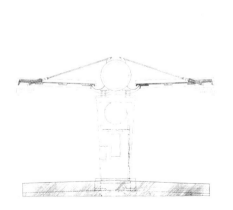

Diese eleganten Perrondächer im Bahnhof Grüze stellen einzigartige Bahnhochbauten für den öffentlichen Verkehr dar. Der Zürcher Ingenieur konnte hier zwei seiner neuartigen Bahnsteigdächer zum ersten und einzigen Mal ausführen. Auf nur drei Pfeilern ruhen die beiden 90 Meter langen Dächer, welche auf beide Seiten je 12 Meter auskragen. Sie bestehen aus vorgespannten Betonrippenplatten, die an einem als Rückgrat dienenden Stahlrohr mit leichter Sprengung nach oben aufgehängt sind. Diese leider Unikate gebliebenen Prototypen sind auf ein Minimum an Struktur und Form reduziert. Ihre Konstruktion zeigt anschaulich die Wirkung zwischen den Zug- und Druckkräften sowie der Biegung und der Torsion. Infolge der Einführung der S-Bahn wurden 1991 die Perrons erhöht und mit ihnen die Stützen angehoben. Bei diesen Anpassungsarbeiten wurden vernachlässigte Baudetails ergänzt oder in den ursprünglichen Zustand zurückgeführt.

BUSDEPOT GRÜZEFELD
GRÜZEFELDSTRASSE 35

KELLERMÜLLER & LANZ
1964-1967

Das Busdepot für die Winterthurer Verkehrsbetriebe bildet die erste Etappe eines Gesamtkonzeptes. Die Serviceräume wurden bereits für einen späteren Vollausbau bemessen. Aussen am Kommandoraum ablesbar gliedert diese Servicezone das 7'800 Quadratmeter grosse Gebäude in zwei Teile. Die eine Hälfte beherbergt den Revisions- und Unterhaltsdienst, der andere Teil dient als Einstellhalle für die Gelenktrolleybusse. In den Untergeschossen liegen die Garderoben, Lager- und Schulungsräume. Die das filigrane Fachwerk des Daches tragenden Stahlstützen stehen in einem quadratischen Raster von 24 x 24 Metern und sind mit grossen, vorfabrizierten Betonplatten verkleidet. Seine starke Prägung verdankt das Gebäude dem auskragenden Vordach, den hohen Kaminen aus Sichtbeton und seinen grossen Dimensionen. Das Tageslicht gelangt durch das umlaufende Fensterband auf Augenhöhe und durch die Oberlichter in die Halle.

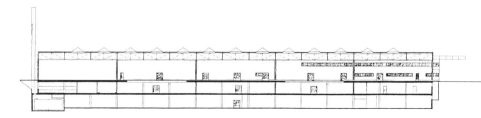

WERKSTATTGEBÄUDE IM HÖLDERLI 13a

STEPHAN LÜTHI
1995-1996

Das Gebäude setzt einen willkommenen Akzent in der peripheren, heterogenen Industriezone. Durch die parallele Ausrichtung des Gebäudes zur Seenerstrasse wird der Baukörper aus der gleichgerichteten Strassenbebauung hervorgehoben. An der Nordecke steht der offene Treppenturm als Kontrast zum horizontal gegliederten Baukörper. Der Bau ist nach betrieblichen Abläufen optimiert. Im Erdgeschoss sind die Werkstatt und das Lager mit den Nebenräumen im Galeriegeschoss untergebracht. Im Obergeschoss liegen Büroräume und im Attikageschoss die Wohnung des Firmeninhabers. Der Stahlskelettbau besitzt eine Holzbalkenlage als Geschossdecken. Die Fassaden sind mit isolierten Stahlblechkassetten verkleidet, welche mit "Sarnafil-Folie" bespannt wurden. Als mechanischer Schutz dienen horizontale Lamellenbänder aus Aluminium. Dazwischen ist die dunkelblaue Folie sichtbar und gibt dem Gebäude sein charakteristisches Aussehen.

ÜBERBAUUNG GRÜZEFELD STRAHLEGGWEG 1-30

CRAMER, JARAY, PAILLARD; ZÜRICH
1965-1968

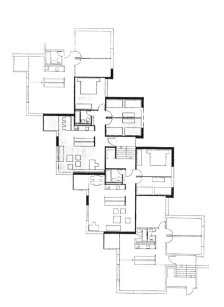

Eine Raumgruppe mit Wohnzimmer, Essplatz, Balkon, Küche, Bad und Schlafzimmern bildet das Grundelement der Wohnüberbauung. Mit diesem System entstanden 36 verschiedene, jeweils halbgeschossig zueinander versetzte Wohnungstypen. Die einzelnen Gebäudetrakte besitzen zwischen zwei und zwölf Geschossen, um eine differenzierte Gliederung des Gebäudekomplexes zu erreichen. Die ährenförmigen Grundrisse der Gebäude charakterisieren die Grünräume. Diese liegen grösstenteils geschützt im Inneren der Überbauung. Der Einsatz vorfabrizierter Betonelemente sollte die Serienproduktion und somit günstiges Bauen ermöglichen. Trotz der Vorfabrikation bekam die 370 Wohnungen umfassende Grossüberbauung ein differenziertes Aussehen. 1995 veränderte eine Sanierung das äussere Erscheinungsbild. Die Fassaden wurden isoliert und mit Eternit verkleidet. Die Wohnungen wurden vergrössert und erhielten neue Balkone.

SCHULHAUS GUTSCHICK
SCHEIDEGGSTRASSE 1

ULRICH BAUMGARTNER
1964-1967

Bestimmend für das Konzept dieser Schule war das Kind mit seinem offenen Sinn für das Einfache und das Klare. Durch das Aufgliedern in einzelne Baukörper erhielt die Anlage den Charakter eines Kinderdorfes. Nach aussen treten die Bauten dreigeschossig, gegen die niveau-differenzierten Innenhöfe zweigeschossig in Erscheinung. Um das kindliche Gemüt nicht zu verletzen, wurde jegliche Monumentalität vermieden. Besass anfangs unseres Jahrhunderts ein Schulhaus ehrfurchtsgebietende Ausdrucksformen, wurde diese Schule in allen Teilen einfach und dem kindlichen Massstab angepasst verwirklicht. Die angestrebte Einfachheit diente dabei aber nicht als Vorwand für Fantasielosigkeit und Uniformität. Neben den Ansprüchen an die Ästhetik wurden auch grosse Anforderungen an die Funktionalität gestellt. Mit einfachsten Mitteln sollen die Baukörper und die unterschiedlichen Aussenräume die Fantasie bei der Benützung des Schulhauses anregen.

MEHRFAMILIENHAUS
TÖSSTALSTRASSE 131

ALEX OTT
1959-1960

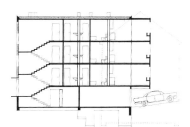

An der verkehrsreichen Tösstalstrasse ist dieses Mehrfamilienhaus ein gutes Beispiel, wie auf Lärmimmissionen architektonisch reagiert werden kann, ohne Schallschutzwände erstellen zu müssen. Das Gebäude bietet auf drei Geschossen je eine Ein-, Drei- und Vierzimmerwohnung, welche sich mit einer Balkonschicht gegen Südwesten öffnen. Die Balkone wurden so konzipiert, dass ihre Betonbrüstungen zum funktionalen Gestaltungsmittel des Gebäudes wurden. Sie dienen sowohl als Lärmschutz wie auch als Träger der auskragenden Balkone, welche durch zwei Pfeiler im Sockelgeschoss abgestützt werden. Das Flachdach wurde mit den damals neu aus Amerika eingeführten Foamglasplatten isoliert und anstelle eines Kiesklebedaches mit einer Kunststoffolie abgedichtet. Das Gebäude wirkt durch die Wechselbeziehung zwischen Beton und Sichtbackstein sowie durch die Differenzierung zwischen Wand und Öffnung zeitlos modern.

WOHNHOCHHAUS
WEBERSTRASSE 91

HERBERT ISLER K
1960 12

In den 1960er Jahren wurden neue Lösungen im Wohnungsbau gesucht. Man musste der herrschenden Wohnungsnot begegnen, welche aus dem ungebremsten wirtschaftlichen Wachstum und der damit verbundenen, steigenden Zahl an Einwohnern resultierte. Um wertvolle Freifläche für eine Grünzone zu erhalten, wurde das erste Wohnhochhaus in Winterthur gebaut. Es setzt mit seinen 12 Stockwerken einen wichtigen städtebaulichen Akzent im Mattenbachquartier. Jedes Geschoss verfügt über eine Ein-, Zwei-, Drei- und Vierzimmerwohnung, deren Grundrisse einfach und gut möblierbar sind. Der Solitärbau bekommt durch die leichte V-Form im Grundriss eine Ausrichtung. Spannend wirkt die Differenzierung des Baukörpers durch vertikale Wandscheiben und horizontale Geschossbänder. Die auskragenden Balkone sind zusätzliche plastische Elemente. Das Dachgeschoss mit der Terrasse wird mit einem umlaufenden Baldachin abgeschlossen.

REIHENHÄUSER
AM BACH 44-54

DAHINDEN & HEIM — 1994

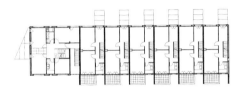

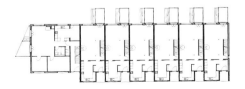

Die dreigeschossige Hauszeile ist das Bindeglied zwischen den freistehenden Einfamilienhäusern im Westen und den viergeschossigen Wohnbauten aus den sechziger Jahre im Norden. Der Baukörper umfasst sechs zusammengebaute Fünfeinhalbzimmer-Reihenhäuser und wird im Süden durch einen Kopfbau mit einer Dreieinhalb- und einer Fünfeinhalbzimmerwohnung abgeschlossen. Ein offener Autounterstand längs der Strasse schützt die privaten Wohngärten. Durch gedeckte Sitzplätze, Balkone und Dachterrassen werden abwechslungsreiche Beziehungen zu den Aussenräumen geschaffen. Es wurden wenige, einfache Baumaterialien wie hell verputztes Mauerwerk, naturbelassene Holzschalungen im Eingangsbereich und Dachgeschoss, ein begrüntes Flachdach in Holzkonstruktion und verzinkte Stahlkonstruktionen für die Balkone verwendet. Die Wohnungen sind räumlich offen gestaltet und lassen eine variable Nutzung zu.

Beschriebene Bauten:

- L1   Mehrfamilienhaus / Rössligasse 12 / Schneider & Prêtre / 1995
- L2   Mehrfamilienhaus / Roggenweg 20, 22 / Joachim Mantel / 1986-1990
- L3   Mehrfamilienhaus / Weizackerstrasse 25 / Jakob Steib, Zürich / 1992-1993
- L4   Wohnüberbauung / Gotzenwilerstrasse 6-53 / Architektengemeinschaft / 1988-1990
- L5   Haus Wegmann / Florenstrasse 65 / Peter Märkli, Zürich / 1986-1987
- L6   Überbauung Büelhof / Büelhofstr. 33-37, Landvogt Waserstr. 70 / H. Irion / 1973-1974
- L7   Kindergarten Seen / Büelhofstrasse 27 / Reinhart, Ninck, Landolt / 1931-1932

Weitere sehenswerte Bauten:

- l8   Zweifamilienhaus / Im Schützenbühl 2, 4 / Hurter & Bühler / 1964, 1972
- l9   Schulhaus Oberseen / Gotzenwilerstrasse / Cerfeda & Fent / 1995-1997
- l10   Anbau / Haarbachstrasse 4a, 4b / Arnold & Vrendli Amsler / 1994

SEEN, OBERSEEN L

Das Dorf Seen mit seiner näheren Umgebung liegt in einer weiten Mulde südöstlich von Winterthur. Hier vereinen sich drei Bachläufe zum Mattenbach. Das weitläufige Gebiet ist auf drei Seiten von Wald umgeben. 1922 stiess die ursprünglich selbständige Gemeinde Seen zu Winterthur.[50] Ende der 1830er Jahre wurde die Strasse von Winterthur ins Tösstal gebaut.[51] Sie führt in einer geraden Linie durch die Bachsenke zum Dorf Seen und steigt dann zum Sattel in Richtung Sennhof an, wo sie parallel zur 1875 eröffneten Tösstalbahn verläuft.[52] Die Station Seen liegt nordöstlich des Dorfkerns, mit dem sie durch die schnurgerade Kanzleistrasse direkt verbunden ist. Hier entstanden um die Jahrhundertwende einige repräsentative Bauten. Die Entwicklung des Dorfes beschränkte sich auf die bauliche Verdichtung der Streusiedlung um den Kern des ehemaligen Bauerndorfes. In den 1920er Jahren entstand im Sonnenberg, nordwestlich des Bahnhofs, eine weitgestreute Ansammlung von Einfamilienhäusern.[53] In den 1980er und 1990er Jahren dehnte sich das Einfamilienhausquartier vom Sonnenberg über den gesamten Stokkenerberg bis nach Oberseen aus (Bd2 L5). Gleichzeitig entstanden einige Mehrfamilienhäuser und Wohnüberbauungen von bemerkenswerter architektonischer Qualität (Bd2 L2, L3, L4). Im Südwesten des alten Dorfkerns nehmen seit den 1980er Jahren grossflächige, oft spekulativ errichtete Mehrfamilienhaussiedlungen den flach auslaufenden Nordhang des Eschenbergs ein. Im Gegensatz zu vielen anderen Stadtquartieren haben sich in Seen nie grössere Industrie- oder Gewerbebetriebe angesiedelt. In den Gebieten südlich des Mattenbachs lässt sich keine übergeordnete bauliche Struktur in der Form eines Gestaltungsplanes erkennen. Somit dominieren um den noch heute ländlich anmutenden Dorfkern von Seen die Ansammlungen spekulativ errichteter Wohnbauten.

MEHRFAMILIENHAUS
RÖSSLIGASSE 12

SCHNEIDER & PRÊTRE
1995

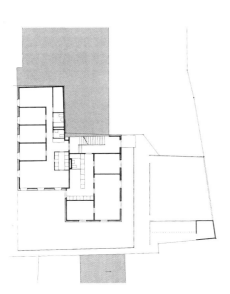

Der senkrecht zur Rössligasse stehende Neubau ist Teil eines mehrfach umgebauten Bauernhauses aus dem 17. Jahrhundert. Der Baukörper bildet mit dem gegenüberliegenden Gasthaus Rössli einen Gassenraum von erstaunlicher räumlicher Qualität. Der Hauptbau mit seiner mächtigen Dachfläche wurde mit kleinen Korrekturen in seinem ursprünglichen Bauvolumen wiederhergestellt. An der Stelle des 1992 niedergebrannten angebauten Wohnhauses wurde ihm ein zweigeschossiger Flachdachbau eingeschoben. Dieser nimmt in seiner Volumetrie Bezug zu den nördlich angrenzenden Wohn- und Gewerbebauten mit ihren typischen An- und Nebenbauten. Die differenzierte architektonische und strukturelle Gestaltung der beiden Neubauteile vermeidet die gängige und auch fragwürdige Anbiederung an bestehende historische Bauformen. Das neue Wohnhaus steht ausserhalb der üblichen, leider viel zu oft praktizierten Kernzonenarchitektur.

MEHRFAMILIENHAUS
ROGGENWEG 20, 22

JOACHIM MANTEL
1986-1990

Der Strassenraum wird durch den gekrümmten, parallel zur Strasse verlaufenden und differenziert gestalteten Baukörper in dieser zersiedelten Umgebung präzise definiert. Die Strasse ist als Ort der Kommunikation in das architektonische Konzept mit einbezogen. Gegen Süden öffnet sich die geschwungene Fassade mit Wintergärten und Terrassen auf einen grosszügigen Grünraum mit privaten Gärten und Spielzonen. Die kubische und gestalterische Vielfalt wird durch eine Addition einzelner Bauformen erreicht. Das Gebäude umfasst vier Gewerbe- und Atelierräume, zwei Kindergärten, Wohnungen für Familien sowie für ältere, alleinstehende und behinderte Menschen. Die gängige Monokultur des Wohnens wird in dieser Überbauung in Frage gestellt und durch vielfältige Nutzungen bereichert. Dieser Bau zeigt einen interessanten Versuch hin zu einer durch gemeinschaftliche Nutzungen bereicherten, familiengerechten Reurbanisierung des ausufernden Stadtrandes.

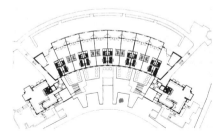

MEHRFAMILIENHAUS WEIZACKERSTRASSE 25
JAKOB STEIB, ZÜRICH
1992-1993

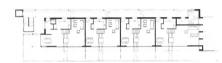

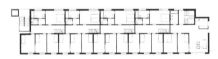

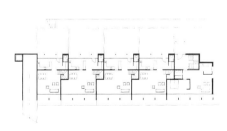

Die lange Wohnzeile folgt in rhythmisierender Abtreppung dem abfallenden Hang. Sie umfasst acht zweigeschossige Wohnungen sowie drei Etagenwohnungen am unteren Kopfende. Die Wohnungen sind als zwei übereinanderliegende Maisonette-Einheiten angeordnet. Bei der ebenerdig zugänglichen Maisonette liegen Wohnraum und Küche im Erdgeschoss, die Schlafräume sind im ersten Obergeschoss angeordnet. Über einen Laubengang wird die obere Maisonettewohnung erschlossen. Dort liegen Wohnraum und Küche im Attikageschoss, die Schlafräume eine Etage tiefer. Diese Baustruktur ist im Fassadenaufbau klar sichtbar. Die beiden Schlafgeschosse liegen als ruhige Zonen zwischen den Wohngeschossen. Der Liftturm, das offene Treppenhaus, der Laubengang im Dachgeschoss, die Kopfausbildung am Hangfuss sowie das der Hauptneigung folgende Attikageschoss fassen die aneinandergereihten Wohnungen zu einer Einheit zusammen.

WOHNÜBERBAUUNG GOTZENWILERSTRASSE 6-53

ARCHITEKTENGEMEINSCHAFT 1988-1990

L 4

Auf einem städtischen Areal in einer zweigeschossigen Wohnzone wurden neue Wege im Siedlungsbau beschritten. Die als Sieger aus einer Projektierungskonkurrenz unter vier Winterthurer Architekturbüros hervorgegangenen Architekten Alex Dahinden und Werner Heim erarbeiteten den Gestaltungsplan. Die 23 Reiheneinfamilienhäuser wurden aufgeteilt unter den drei Architekturbüros Dahinden und Heim; Joachim Mantel; Weiss, Moos und Schmid. Die Reihen richten sich fächerförmig von Süden nach Südwesten aus. Innerhalb der festgeschriebenen Bauvolumen entstanden nach persönlichen Wünschen der Bauherren Viereinhalb- bis Sechseinhalb- Zimmerwohneinheiten. Auf der in das Geländegefälle eingebetteten Autoeinstellhalle liegt der Quartierplatz. Durch die gegenseitige Abstimmung der Material- und Detailgestaltung entstand eine sowohl städtebaulich wie auch architektonisch überzeugende Wohnsiedlung mit klar definierten privaten und öffentlichen Aussenräumen.

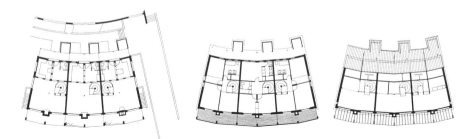

HAUS WEGMANN
FLORENSTRASSE 65

PETER MÄRKLI, ZÜRICH
1986-1987

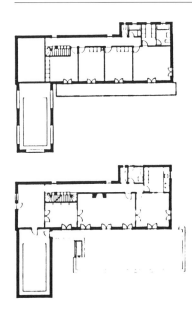

Am Stockenerberg, der von der konzeptlosen Vielfalt neuer Einfamilienhäuser dominiert wird, zeigt dieses Wohnhaus eine fast banale Einfachheit. Der Haupttrakt des Gebäudes mit den Wohnnutzungen liegt parallel zum Hang, senkrecht dazu steht das Hallenbad mit markanten, halbkreisförmigen Thermenfenstern. Ein zweiter, kleinerer Querbau ist gegen den Hang gerichtet und beinhaltet die Nasszellen und die Küche. An der Südfassade ist dem zweigeschossigen Sichtbetonbau ein kistenförmiger Balkon als plastisches Element vorgehängt. Vor dem Haupteingang und dem Garagengebäude fällt der Vorplatz leicht gegen die Strasse hin ab. Im Inneren ist das Haus in klar ablesbare Raumschichten gegliedert. Durch eine hangseitige Gangzone sind die einzelnen Räume erschlossen. Im Erdgeschoss befinden sich die Wohnräume, denen ein durch Hecken begrenzter Aussenraum vorgelagert ist. Im Obergeschoss liegen vier Individualräume.

ÜBERBAUUNG BÜELHOF
BÜELHOFSTR. 33-37, LANDVOGT WASERSTR. 70

HEINRICH IRION
1973-1974

Durch die in der Höhe und im Grundriss gestaffelten Bauten gelang es, bei einer verhältnismässig dichten Bebauung auf 6'000 Quadratmetern jeder Wohnung eine optimale Aussicht zu ermöglichen. Störende Immissionen sollten durch planerische und konstruktive Massnahmen vermindert werden. Da die Bewohnerschaft zum Zeitpunkt der Planung unbekannt war und sich deren Bedürfnisse längerfristig ändern können, wurden eine möglichst grosse Variabilität und Flexibilität angestrebt. So konnte auch unterschiedlichem Wohnverhalten Rechnung getragen werden. Neben den nutzungsneutralen Individualräumen liegt der weniger flexible Wohnbereich mit der Küche, der Ess- und der Aufenthaltszone. Die gegenseitige Zuordnung der Nutzungen dieser Hauptbereiche ist variabel. Sie können mit Schiebeelementen gegeneinander abgetrennt oder miteinander verbunden werden. Grosse Balkone ermöglichen den Aufenthalt im Freien.

KINDERGARTEN SEEN
BÜELHOFSTRASSE 27

REINHART, NINCK, LANDOLT
1931-1932

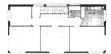

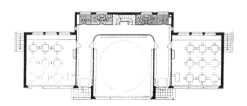

Der Bau orientiert sich in seinem Grundrisskonzept am Kindergarten im Äusseren Lind, welcher 1928 von Robert Sträuli erbaut wurde (Bd2 c14). Er ist ein charakteristischer Zeuge des "Neuen Bauens" in Winterthur. Das Gebäude zeigt einen streng kubischen Aufbau. Der zweigeschossige Mittelbau beinhaltet im Erdgeschoss den gemeinsamen Spielsaal und die Garderoben sowie im Obergeschoss eine Dreizimmerwohnung. Die beiden Kindergartenzimmer sind achsialsymmetrisch angeordnet. Die innere Nutzung ist aussen klar ablesbar. Der einfache Baukörper präsentiert sich ohne jede äussere Dekoration. Mit grossen Fenstern öffnet sich das Erdgeschoss gegen den Spielplatz. Der Einbau neuer Fenster im Erdgeschoss beeinträchtigte die Fassadengestaltung. Der Kindergarten an der Lindstrasse wurde 1989 durch das Anbringen einer Aussenwärmedämmung und das Ersetzen der Fenster in seiner Feingliedrigkeit empfindlich gestört.

Beschriebene Bauten:

M1	Sulzer Oberwinterthur / Hegifeld-, St.Gallerstrasse / Suter & Suter, Basel / ab 1907
M2	Personalrestaurant Sulzer / Hegifeldstrasse 10 / Edwin Bosshardt / 1955-1956
M3	Mehrfamilienhaus / Reismühlestrasse 11, 13 / F. Schmocker, Oberrieden / 1991-1993
M4	Unterhaltsanlage S-Bahn / Flugplatzstrasse 7 / Ulrich Baumgartner / 1988-1991
M5	Siedlung Hegmatten / Schoorenstrasse 30-51 / Hermann Siegrist / 1939-1940
M6	Schulhaus Wallrüti / Guggenbühlstrasse 140 / H. Irion & D. Egli / 1974
M7	Schulhaus Lindberg / Bäumlistrasse 39 / Hans Hohloch / 1934-1935, 1947, 1974, 1975
M8	Zweifamilienhaus / Kurlistrasse 44 / Beat Schwengeler, Sabine Wille / 1993
M9	Haus Donati / Kurlistrasse 20 / Julius Bühler / 1932-1933
M10	Haus Kellermüller / Alte Römerstrasse 1 / Adolf Kellermüller / 1930, 1949
M11	Mehrfamilienhaus / Alte Römerstrasse 30 / Dahinden & Heim / 1993-1995
M12	Haus Ryser / Frauenfelderstrasse 120 / Hermann Siegrist / 1964-1966, 1995
M13	Siedlung Stadtrain / Frauenfelderstr. 77-111 / Kellermüller & Hofmann / 1928-1934, 1943

Weitere sehenswerte Bauten:

m14	Triebwerksprüfstand / Ohrbühlstrasse 30 / Baubüro Sulzer / 1952-1965
m15	Geschäftshaus / Talwiesenstrasse 1 / Robert Rothen / 1970-1971
m16	Zentrum Römertor / Guggenbühlstrasse 2, 4, 6 / E. Bosshardt, R. Steiner / 1970-1971
m17	Mehrfamilienhaus / Mooswiesenweg 2, 2a / Werner Hurter / 1962-1963
m18	Krankenheim / Stadlerstrasse 164 / Peter Stutz / 1979-1982, 1994-1995
m19	Mehrfamilienhäuser / Reutlingerstrasse 15, 17 / Joachim Mantel / 1994-1995
m20	Kindergarten Zinzikon / Ruchwiesenstrasse 10 / Cla Werro / 1993-1994
m21	Kindergarten im Gerzler / Steinbruchweg 1 / Hermann Siegrist / 1960-1962
m22	Haus Grimm / Kurlistrasse 22 / Paul Otto Walti, Zürich / 1933

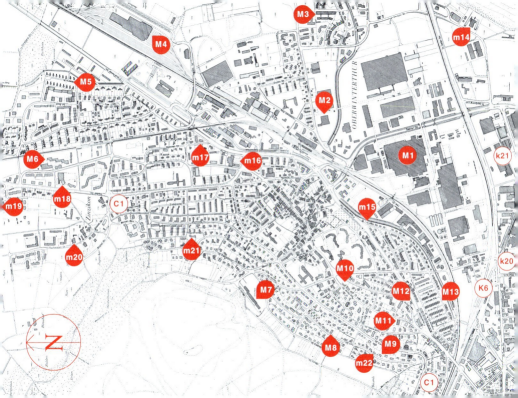

OBERWINTERTHUR, STADTRAIN, ZINZIKON

Zwei Hauptgebiete lassen sich im Siedlungsteppich der ehemaligen Gemeinde Oberwinterthur unterscheiden. Am Südosthang des Lindbergs liegt eine weitgestreckte Wohnzone, welche den alten Dorfkern umschliesst und sich bis nach Zinzikon erstreckt (Bd2 M8, M9, M10, M11, M12, m22). Die Überbauung dieser Hanglage setzte in den 1880er Jahren ein.[54] Als 1897 das gesamte Gebiet dem wenige Jahre zuvor erlassenen Baugesetz unterstellt wurde, nahm sich das technische Büro der Stadt der Koordination der Haupterschliessungsachsen an.[55] Dies führte 1918 zum Bau der Frauenfelderstrasse.[56] In den 1920er Jahren begann die Bebauung der nach Norden verlängerten Rychenbergstrasse mit bürgerlichen Einfamilienhäusern.[57] 1933 bis 1935 wurde mit dem Schulhaus Lindberg ein bedeutender Zeuge des "Neuen Bauens" in Winterthur erstellt (Bd2 M7). Im Stadtrain entstand in den Jahren 1928 bis 1943 die gleichnamige Siedlung (Bd2 M13). Sie verknüpft die Hangbebauung mit dem Grüzequartier, wo in der weiten Ebene zwischen Winterthur und Wiesendangen seit Anfang dieses Jahrhunderts eine grosse Industriezone entstand (Bd2 M1), nachdem sich die Landreserven der Industrie im Tössfeld verknappten. Die Anfänge dieser Entwicklungen gehen auf die Ausbauphase des Winterthurer Bahnnetzes von 1875 zurück. Damals erhielt Oberwinterthur zwei Bahnhöfe. Der eine liegt an der Tösstallinie in der Grüze (Bd2 K6), der andere östlich des Dorfkerns vor der Gabelung der Etzwiler- und der Romanshornlinie. Seit den 1960er Jahren findet eine bauliche Verdichtung des ausschliesslich zu Wohnzwecken genutzten Lindbergosthangs statt (Bd2 M8, M11), während sich die Stadt in Zinzikon mit grossen Wohnüberbauungen (Bd2 m19) und den dazugehörigen Infrastruktureinrichtungen (Bd2 m20) immer weiter nach Norden in Richtung Reutlingen und Stadel ausdehnt.

SULZER OBERWINTERTHUR
HEGIFELD-, ST. GALLERSTRASSE

SUTER & SUTER, BASEL
ab 1907

Nachdem eine Expansion im Stadtareal von Sulzer im Tössfeld (Bd1 G4) nicht mehr möglich war, wurde 1907 in Oberwinterthur ein Zweigwerk gegründet. Ein vorausschauender Erschliessungs- und Überbauungsplan ermöglichte es, eine weiträumige Bebauung zu verwirklichen, die mit einem gewachsenen Industrieareal in Form eines Aneinanderreihung von düsteren Industriebauten nichts mehr gemeinsam hatte. Um Strassen, Bahngeleise, Energieverteilkanäle und Kanalisation zusammenzufassen, wurde in Zusammenarbeit mit dem Basler Architekturbüro Suter & Suter eine breite Ost-West-Achse geschaffen. Entlang dieser Achse stehen folgende erwähnenswerte Gebäude: an der Zufahrt bei der Talackerstrasse die Garage mit der Pförtnerloge (1) von 1949, die von 1946 bis 1947 erbaute Doppelhalle (2) mit der Rohrwerkstatt, die 1963 angebaute Schmiede (3) sowie eine weitere Fabrikationswerkstätte (4), welche zwischen 1941 und 1961 erweitert wurde. Dieser Bau wurde als Stahlverbundkonstruktion mit Sichtbacksteinausfachungen und Leichtmetall-Fenstern ausgeführt. In der 1950 erbauten Energiezentrale (5) wird wie in einem grossen Schaufenster die eindrückliche Heizungstechnik präsentiert. Leider wurde 1988 bei der Umstellung auf Öl die spektakulär auskragende Kranbahn entfernt. Um den östlichen Teil des Areals zu erschliessen, wurden elegante Betonbrücken über die 1961 tiefer gelegte Seenerstrasse gebaut. Hier befinden sich die 1953 erbaute Grossbearbeitungshalle (6) und die 1956 erbaute Grossgiesserei für Grau- und Stahlguss (7). Die über sechs mal neun Felder gespannte Stahlkonstruktion mit einer Höhe von 15.30 Metern ist mit 144 Metern Breite und 216 Metern Länge die grösste Halle in Winterthur. 1992 wurde hier wie in den anderen Hallen die Produktion aus Rentabilitätsgründen eingestellt. Neue Nutzungen für die Industriehallen werden gesucht.

PERSONALRESTAURANT SULZER
HEGIFELDSTRASSE 10

EDWIN BOSSHARDT
1955-1956

Infolge der fortschreitenden Erweiterung des Sulzerwerkes Oberwinterthur (Bd2 M1) und des damit verbundenen Personalzuwachses wurde ein neues Personalrestaurant benötigt. Das neue Gebäude ermöglichte es, auf vielseitige Ansprüche einzugehen. In der bestehenden Kantine konnten Mahlzeiten für 1'500 Personen serviert werden. Da sich die Zahl des Personals sowie die Arbeitsverhältnisse und die Essgewohnheiten gewandelt hatten, wurde ein modernes Selbstbedienungsrestaurant mit Cafeteria gebaut. Im Obergeschoss befinden sich verschieden grosse Konferenz- und Schulungsräume. In einem separaten Gebäudetrakt liegen die Verwalterwohnung, Personalzimmer und eine Badeanlage. Im Untergeschoss sind Magazine, Zivilschutz- und Haustechnikräume untergebracht. Das Gebäude besticht durch seinen klaren kubischen Aufbau, durch die Verwendung weniger Baumaterialien und durch sein einfaches Konstruktionsprinzip.

MEHRFAMILIENHAUS REISMÜHLESTRASSE 11, 13
FRITZ SCHMOCKER, OBERRIEDEN
1991-1993

M 3

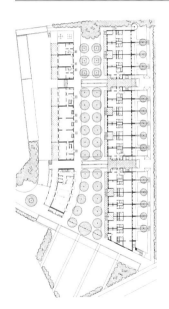

Die "Genossenschaft für selbstverwaltetes Wohnen" realisierte ihr erstes Projekt auf dem Holzlagerplatz der ehemaligen Sägerei Hegi. Die Anlage thematisiert durch die zwei langgezogenen, parallelen Baukörper bewusst und in städtebaulich überzeugender Weise die Grenze zwischen Stadt und Dorf. Die nach Westen gerichtete "Stadtfassade" besitzt präzise ausgeschnittene Fensteröffnungen, mehrgeschossige Passagen und knappe Dachgesimsabschlüsse. Nach Osten ist die "Dorffassade" mit Pultdächern, Lukarnen und Laubengang gerichtet. Das Raumprogramm umfasst Klein- und Familienwohnungen, Raum für Wohngemeinschaften, Ateliers, Gemeinschaftsräume, einen Kinderhort und eine Werkstatt. Das Erschliessungssystem fördert in allen Bereichen die Begegnung und den Kontakt unter den Bewohnern. Der gemeinsame Hofraum zwischen den Häusern bleibt verkehrsfrei und ist Begegnungsort und Spielplatz der Überbauung.

UNTERHALTSANLAGE S-BAHN
FLUGPLATZSTRASSE 7

ULRICH BAUMGARTNER
1988-1991

M 4

Die 220 Meter lange Halle mit fünf durchgehenden Geleisen für den Unterhalt ganzer Zugskompositionen bildet das Zentrum der Anlage. Seitlich angegliedert ist eine 60 Meter lange Halle für die Wartung der Triebfahrzeuge. Ein zweigeschossiger Einbautrakt enthält Garderoben, die Nebenräume der Reinigungsanlagen und den Bedienungsraum für das Stellwerk. Im Osten ergänzt ein eingeschossiger Anbau mit Sozialräumen, Werkstätten und Magazinen die Anlage. Der in der Höhe gegliederte Gebäudekomplex ermöglicht spätere Erweiterungen. Die bis zu fünf Meter unter dem Grundwasserspiegel liegenden Untergeschosse sowie die Bodenplatte mit den Hochperrons sind in Stahlbeton gegossen. Auf eingespannten Rundrohrstützen aufliegende Stahlfachwerkträger überspannen die 27 und 36 Meter breiten Hallen. Trotz des grossen Bauvolumens wurde bei der Fassadengestaltung der Massstab zum Menschen und zur Landschaft gewahrt.

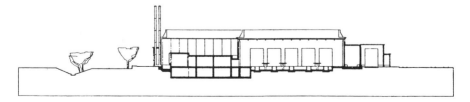

SIEDLUNG HEGMATTEN
SCHOORENSTRASSE 30-51

HERMANN SIEGRIST
1939-1940

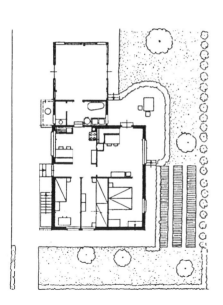

Die "Stiftung für Kleinsiedlungen in Winterthur" finanzierte das Projekt aus dem Reingewinn der "Arba-Lotterie". Das Ziel war, Unterkünfte für ältere arbeitsfähige Menschen zu schaffen. Mit dem Bau dieser Siedlung wurde die neue, subventionierte Bauperiode des zweiten Weltkrieges eingeleitet. Die 18 Häuser fallen durch ihre Pultdächer auf, was ihnen den Spitznamen "Tschibuti" und "Storchentruckli" eintrug. Im niedrigen Pultdachteil der eingeschossigen Häuser liegen die Waschküche und ein Schuppen für die zur Ackerarbeit benötigten Gerätschaften. Neu waren bei der Siedlung Hegmatten die kleinen Dimensionen der Häuser und ein streng geometrisches Bebauungsmuster. Beim Bau der benachbarten Siedlung Schooren griff der Architekt Hans Ninck zwei Jahre später wieder auf den alten Typ des Kleinwohnhauses mit Ökonomieteil zurück, der bereits 1922 in einer ähnlichen Form in der Siedlung Weihertal im Rumstal gebaut worden war.

SCHULHAUS WALLRÜTI
GUGGENBÜHLSTRASSE 140

H. IRION & D. EGLI
1974

Der langgestreckte Klassenzimmertrakt ist in drei gleiche Einheiten für Unter-, Mittel- und Oberstufe gegliedert. Beim Haupteingang liegen der Hort, eine Abwartwohnung, die Schulküche und ein Reserveklassenzimmer. Der Turnhallen- und der Singsaaltrakt mit den Lehrerzimmern begrenzt die Anlage im Westen. Der quergestellte Kindergartentrakt schliesst die den Klassenzimmern vorgelagerte Grünfläche ab. Er ist in drei Einheiten mit separaten Zugängen und Aussenräumen aufgeteilt. Der Anlage liegt ein aus der Normalklassenzimmergrösse entwickeltes Modul von 2.16 x 2.30 Metern zugrunde. Unter Berücksichtigung der für den Stahlbau günstigen Spannweiten ergaben sich Stützenabstände von 4.32 x 9.20 Metern. Alle Zwischenwände sind nichttragend und erlauben eine flexible Anpassung an sich ändernde Bedürfnisse. In die stockwerkhohen Fassadenelemente sind Schiebeflügel, Kippflügel oder Paneele aus Cortenstahl eingebaut.

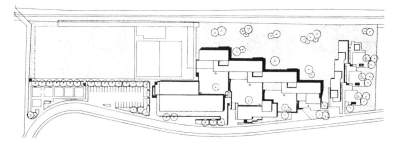

SCHULHAUS LINDBERG
BÄUMLISTRASSE 39

HANS HOHLOCH
1934-1935, 1947, 1974, 1975

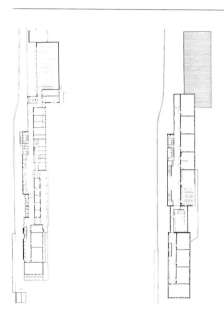

Das Bauwerk zeigt sich als eine in ihrer Funktionalität und Architektursprache klare Verwirklichung des angewandten "Neuen Bauens" und der damaligen Reformbestrebungen im Schulhausbau: die Trennung von Ruhe- und Lärmbereichen, die fast quadratischen Schulräume, die Ausrichtung der Schulzimmer zur Vormittagssonne über grosszügige Fensteröffnungen mit niedrigen Brüstungen, geeignete Räume für Gruppen- und Spezialunterricht, eine mobile Bestuhlung, geräumige Pausenhallen und die Verbindung von Innen- und Aussenräumen. Dem wachsenden Stellenwert von Spiel und Sport wurde mit grosszügigen Pausen- und Sportplätzen Rechnung getragen, welche sorgfältig in die Hanglandschaft eingebettet sind. Die Erweiterung nach Südwesten von 1947 wurde von Hohloch harmonisch in das bestehende Ensemble eingefügt, während die Umbauten von 1974 bis 1975 tiefer in die klare architektonische Ordnung eingriffen.

ZWEIFAMILIENHAUS KURLISTRASSE 44

BEAT SCHWENGELER, SABINE WILLE
1993

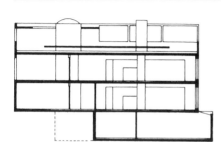

Am östlichen Lindberghang, der von der typischen, aber zwiespältigen Vielfalt neuerer Einfamilienhausquartiere dominiert wird, steht ein Wohnhaus, welches durch seine strenge kubische Gestalt auffällt. Das Gebäude orientiert sich an der Formensprache der klassischen Moderne. Das Flachdach, die Bandfenster und ein grosszügiger Dachgarten prägen das äussere Erscheinungsbild des Baukörpers. Die beiden Wohneinheiten sind übereinander angeordnet. Der oberen Wohnung ist die Dachterrasse, der unteren der Garten zugeordnet. Im Innern erlaubt der offene Grundriss ohne tragende Wände ein vielfältiges und befreites Wohnen. Gegen Westen brechen plastische Fassadenelemente die kubische Geschlossenheit des Baukörpers auf. Der monolithische Baukörper aus Sichtbeton sowie die wenigen im Innern verwendeten und roh belassenen Materialien bestimmen den Charakter des Hauses, das im heterogenen Quartier Ruhe und Einheit ausstrahlt.

HAUS DONATI
KURLISTRASSE 20

JULIUS BÜHLER
1932-1933

Am steil abfallenden Osthang des Lindberges stehen zwei Häuser in der Formensprache der "Klassischen Moderne" nebeneinander. Beide Gebäude sind im gleichen Jahr entstanden (Bd2 m22). Vertikal sind die Häuser klar in die Bereiche Wohn-, Schlaf- und Kellergeschoss gegliedert. Jedem Geschoss ist ein eigener Aussenraum zugeordnet. Das etwas grössere und durch den geschwungenen Balkon spektakulärer wirkende Wohnhaus Donati kann als Weiterentwicklung des Hauses Grimm betrachtet werden. Das Haus Donati löst die kompakte, kubische Form mit einem Anbau gegen Westen zugunsten einer Z-Form auf. Die prächtige Aussichtslage wird durch die grosszügigen Balkone unterstrichen. Ursprünglich führte eine kleine Spindeltreppe von der grossen Wohnterrasse direkt in den Garten. Dieser Flachdachbau ist bis heute weitgehend im Originalzustand erhalten. Er stellt einen wichtigen Zeugen des "Neuen Bauens" in der Stadt Winterthur dar.

HAUS KELLERMÜLLER
ALTE RÖMERSTRASSE 1

ADOLF KELLERMÜLLER
1930, 1949

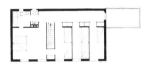

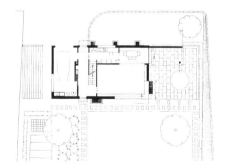

Der einfache Baukörper steht an der nördlichen Parzellengrenze. Gegen die Strasse und das Nachbargrundstück ist der Kubus geschlossen. Nach Südosten öffnet er sich im Erdgeschoss mit einem grossen Eckfenster zum Garten. Entsprechend der Situation ist der Grundriss in zwei Zonen gegliedert. Eine mittlere, tragende Wand teilt das Haus in einen zum Garten orientierten Wohn- und Schlafbereich und in eine dienende Zone mit Korridor, Küche, Bad und WC. Konstruktiv wie auch räumlich stellt das Wohnhaus des Architekten eine Ergänzung zu den in der Siedlung Stadtrain gezeigten Wohntypen dar (Bd2 M13). Als Einfamilienhaus für den Mittelstand ist es wie die kollektiveren Wohnformen rationell konzipiert. Es unterscheidet sich von ihnen nur durch das Raumprogramm und die städtebauliche Situation. 1949 wurde ein Geräteraum angebaut und durch spätere Sanierungen die einstige Feingliedrigkeit der Südostfassade leider beeinträchtigt.

MEHRFAMILIENHAUS
ALTE RÖMERSTRASSE 30

DAHINDEN & HEIM
1993-1995

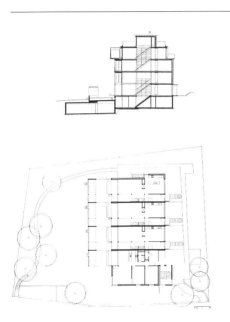

Als Folge einer höheren Ausnützung werden oft ältere Einfamilienhäuser mit grossen Gärten durch Mehrfamilienhäuser ersetzt. Hier wurde für neun Familien neuer Wohnraum mit individuellen Aussenräumen und Gartenbereichen für gemeinsame Aktivitäten geschaffen. Der langgezogene Baukörper gliedert sich in zwei Teile: einen strassenseitigen Kopfbau mit zwei Geschosswohnungen und einer Maisonettewohnung sowie drei zusammengebaute Einheiten aus je zwei übereinanderliegenden Maisonettes. Von aussen ablesbar liegt die Ruhezone mit den Schlafräumen zwischen den Wohngeschossen, welche im Erdgeschoss durch Vorgärten, im Attikageschoss durch eine Terrasse und Dachgärten erweitert sind. Es wurden wenige und einfache Baumaterialien verwendet. Betonelemente bilden die Skelettstruktur mit raumhohen Fenstern und Kalksandsteinmauern als Ausfachung. Feingliedrige Metallkonstruktionen fassen die Aussenräume ein.

HAUS RYSER
FRAUENFELDERSTRASSE 120

HERMANN SIEGRIST
1964-1966, 1995

Das Gebäude ist Teil des Spätwerks des Architekten, in dem die Ausgereiftheit seiner Architekturauffassung ihren Höhepunkt erreicht. Das Gelände ist stark ansteigend und grenzt westlich an eine heute noch leerstehende Parzelle. Der parkähnliche Charakter dieses Nachbargrundstückes und der Terrainverlauf waren für die Gestaltung entscheidend. Das tief in den Hang geschobene Sokkelgeschoss dient dem darüberliegenden Hauptgeschoss als Basis. Das plastisch gestaltete, zweiseitig vom Hauptkörper zurückversetzte Dachgeschoss öffnet sich gegen Westen. Östlich des Hauptkörpers liegen als Nebengebäude der Eingang und die Garage. Der Sichtbetonbau wurde mit einer Lasur behandelt, um dem Karbonatisierungsprozess entgegenzuwirken. 1995 wurde das Wohnhaus zu einem Bürogebäude umgebaut. Die Umnutzung hatte innen und aussen grosse Veränderungen zur Folge. Das Dachgeschoss wurde zu einem Vollgeschoss ausgebaut.

SIEDLUNG STADTRAIN
FRAUENFELDERSTRASSE 77-111

KELLERMÜLLER & HOFMANN
1928-1934, 1943

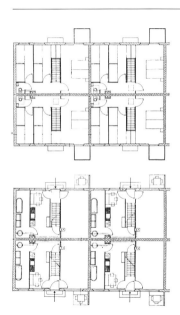

Die Siedlung wurde in mehreren Etappen für die Heimstättengenossenschaft realisiert. Sie zeigt sowohl in ihrer Situierung wie auch Architektur eine bemerkenswerte Modernität. Zwei viergeschossige Mehrfamilienhäuser mit Läden und einer Buswartehalle im Erdgeschoss wirken entlang der Frauenfelderstrasse als Lärmriegel für die dahinter liegende, zweigeschossige Überbauung. Prägend für die Siedlung sind die Kreuzreihenhäuser. Die Blöcke zu 8 und 18 Einheiten sind nach Osten oder Westen orientiert und über Gärten von einer Wohnstrasse her erschlossen. Das Kreuzreihenhaus ist eine für die Schweiz seltene Bauform. Es ist seitlich und rückwärtig mit den Nachbargebäuden zusammengebaut. Das Haus besitzt nur eine Aussenfassade, und alle Räume sind auf eine Front hin orientiert. Dieser Haustyp gilt als das wirtschaftlichste Reiheneinfamilienhaus. Am Spitzweg 2 liegt ein Laubenganghaus von 1929 mit Ein- und Zweizimmerwohnungen.

BIOGRAFIEN

Biografien bedeutender Architekten in Winterthur

Hans Ninck-Schindler	1893-1985	256
Hermann Siegrist	1894-1975	257
Adolf Kellermüller	1895-1981	258
Arthur Hermann Reinhart	1895-1993	259
Franz Scheibler	1898-1960	260
Robert Sträuli	1898-1986	261
Hans Hohloch	1900-1976	262
Edwin Bosshardt	1904-1986	263

Die Biografien beleuchten die Person einzelner Architekten näher und zeigen ihren beruflichen Werdegang. Damit soll deren Baukunst auch in einen biografischen Kontext gestellt werden.

HANS NINCK-SCHINDLER
1893-1985

Hans Ninck wurde als Sohn von Pfarrer Johannes Ninck am 26. August 1893 in Winterthur geboren. Nachdem er 1912 das Gymnasium absolviert hatte, studierte er in Dresden, München und Zürich Architektur. 1918 schloss er die ETH mit dem Diplom ab. Anschliessend war er im Büro von Professor Hans Bernoulli in Basel angestellt. Seine ersten Berufserfahrungen machte er im Ausland, als er beim Wiederaufbau von Ostpreussen mithalf. 1924 eröffnete er mit Arthur Reinhart und Robert Landolt ein Architekturbüro. Nachdem Reinhart 1941 zum Stadtbaumeister ernannt worden war, löste sich das Büro auf. Landolt zog nach Zürich, und Ninck machte sich selbständig. Eine Quelle der Lebensfreude bedeutete ihm die Musik. Er selbst war ein hervorragender Pianist. Als langjähriges Mitglied der Vorsteherschaft des Musikkollegiums und Stifter eines Wettbewerbsfonds zur Förderung junger Musiktalente trug er viel zum Musikleben in Winterthur bei.

HERMANN SIEGRIST
1894-1975

Hermann Siegrist wurde als Sohn des Architekten Hermann Siegrist-Allweyer (1868-1937) in Winterthur geboren. Er studierte zwischen 1914 und 1918 am Technikum bei Professor Rittmeyer. Bis 1921 war er an der ETH Zürich Student bei Professor Karl Moser. Von 1921 bis 1923 reiste er nach Italien, Frankreich und in den östlichen Norden, wo er zwischen 1921 und 1922 beim litauischen Wiederaufbau mithalf. Hier traf er seine spätere Gattin Tamara Solnzeva und Adolf Kellermüller. 1923 kehrte er nach Winterthur zurück und führte von 1926 bis 1933 ein Büro mit Hanibal Naef (1902-1979). Mit der Siedlung Leimenegg gelang ihm 1932 sein Hauptwerk. Bei der Siedlung Hegmatten setzte er sich 1939 mit dem Bauen für das Existenzminimum auseinander. Im zweiten Weltkrieg war er Oberst der Genietruppen. Ab 1946 realisierte er weitere Bauten in der Sprache der klassischen Moderne. Auf einer seiner vielen Bergtouren stürzte er 1975 tödlich ab.

ADOLF KELLERMÜLLER
1895-1981

Adolf Kellermüller absolvierte die Primar- und Sekundarschule in seiner Geburtsstadt Winterthur. Zwischen 1911 und 1915 bildete er sich als Bautechniker am Technikum aus. Von 1915 bis 1916 war er bei den Architekten Schlenger und Arndt im preussischen Königsberg angestellt. Ein Jahr lang studierte er an der Akademie der Künste in Berlin. Von 1917 bis 1918 arbeitete er beim Architekten Pietrusky in Goldap in Ostpreussen. Zwischen 1918 und 1919 leitete er eine Beratungsstelle für den Wiederaufbau im Kreis Goldap. In den Jahren 1920 bis 1923 war er der Leiter des Wiederaufbau-Kommissariates in Litauen. 1923 kehrte er in die Schweiz zurück. An der ETH belegte er Kurse für Städtebau und Siedlungswesen bei Professor Hans Bernoulli. Ab 1923 betrieb er ein eigenes Büro und assoziierte sich zwischen 1928 und 1952 mit dem späteren ETH-Professor und "Landi"-Architekten Hans Hofmann. Ab 1962 war Hans Rudolf Lanz sein Partner.

ARTHUR HERMANN REINHART
1895-1993

Arthur Reinhart wurde am 25. April in Winterthur geboren. Zwischen 1913 und 1915 war er Schüler am Technikum Winterthur bei Professor Robert Rittmeyer und studierte anschliessend von 1916 bis 1918 am Polytechnikum Zürich Architektur bei Karl Moser und Hans Bernoulli. In den Jahren 1923 bis 1939 war er als freischaffender Architekt tätig und schuf 1929 mit dem Landhaus Saas sein Manifest zum "Neuen Bauen". Ab 1932 bestand eine Architektengemeinschaft mit Hans Ninck und Robert Landolt in Zürich. Nachdem er 1942, mitten in seiner Aktivdienstzeit, zum Stadtbaumeister gewählt worden war, löste sich das Büro auf. In seiner Amtszeit bis 1960 bemühte er sich, den Charakter Winterthurs als Gartenstadt zu pflegen, alte Gebäude zu bewahren und gute neue Architektur zu fördern. Für eine grosszügige Umfahrung der Stadt mit einer Autobahn setzte er sich schon früh ein. Sein weitsichtiges Wirken hat das Stadtbild stark mitgeprägt.

FRANZ SCHEIBLER
1898-1960

Franz Scheibler wurde als Sohn eines Gipsers am 3. Januar 1898 in Winterthur geboren. Zwischen 1912 und 1916 absolvierte er eine Lehre im Baugeschäft Lerch. Von 1916 bis 1919 studierte er am Technikum bei Professor Rittmeyer. Von 1919 bis 1921 arbeitete er im Büro Rittmeyer und Furrer. Von 1921 bis 1923 war er Student an der Akademie der Künste in Dresden bei Heinrich Tessenow, der ihn in seiner Architekturauffassung stark prägte. 1923 kehrte er nach Winterthur zurück und eröffnete ein eigenes Büro. Zwischen 1924 und 1928 baute er mit Adolf Kellermüller die Kolonie Selbsthilfe. Mit Hermann Siegrist realisierte er 1928 die ersten Bauten für die Baugenossenschaft an der Langgasse, für die er in der Folge viele Siedlungen ausführte. 1927 wurde er in den BSA und 1936 in den SIA aufgenommen. 1939 baute er den Pavillon "Unser Holz" an der Landesausstellung. Zahlreiche Bauwerke in Winterthur zeugen von seiner Schaffenskraft.

ROBERT STRÄULI
1898-1986

Robert Sträuli wuchs in seiner Geburtsstadt Winterthur auf und schloss seine Schuljahre 1917 mit der Matura ab. Nach dem Militärdienst studierte er an der ETH in Zürich Architektur. Der 1928 erbaute Kindergarten Äusseres Lind war sein Bekenntnis zum "Neuen Bauen". 1929 trat er in das renommierte Architekturbüro Fritschi und Zangerl ein. Damit erfolgte eine radikale Abkehr vom Heimatstil. 1932 entstand das Kaufhaus Hasler, ein Manifest des "Neuen Bauens". Ernst Rüeger löste 1934 Emil Fritschi ab, und 1938 schied auch Hermann Zangerl aus dem Büro aus. Das Büro Sträuli und Rüeger baute 1937 den Schlachthof Nägelsee und 1951 die Erweiterung des VOLG-Lagergebäudes. Für den Kunstsammler Oskart Reinhart, mit dem Sträuli eng befreundet war, realisierte er mehrere Gebäude. Von 1924 bis 1925 erweiterte er das Museum am Römerholz um einen Galerietrakt. 1946 baute er für die Kunstsammlung Reinharts die Knabenschule um.

HANS HOHLOCH
1900-1976

Hans Hohloch wurde am 23. November 1900 als Sohn eines Baumeisters geboren. Seine Jugendjahre verbrachte er in Töss. Er machte eine Lehre als Bauzeichner im angesehenen Architekturbüro von Robert Rittmeyer und Walter Furrer. Danach studierte er an der Kunstakademie in Dresden und war anschliessend Assistent des bekannten Architekten Wilhelm Kreis an der Kunstakademie in Düsseldorf. Als er nach Winterthur zurückgekehrt war, beteiligte er sich 1932 am Wettbewerb für das Sekundarschulhaus Lindberg, welchen er auch gewann. Aufgrund dieses Wettbewerbserfolges eröffnete er sein eigenes Architekturbüro und baute zwischen 1934 und 1936 das Schulhaus Lindberg, sein eigentliches Hauptwerk und Bekenntnis zum "Neuen Bauen". In den Jahren 1946 und 1947 erweiterte er das Schulhaus um einen Klassenzimmertrakt. Hans Hohloch war als begeisterter und begabter Zeichner und Maler auch Mitglied der Künstlergruppe Winterthur.

EDWIN BOSSHARDT
1904-1986

Nach einer Schreinerlehre studierte Edwin Bosshardt von 1923 bis 1926 Architektur am Technikum Winterthur bei Professor Rittmeyer Architektur. Zwischen 1926 und 1931 arbeitete er in Long Island (USA) und während vier Monaten auch im Atelier von Le Corbusier in Paris. Nach seiner Rückkehr 1932 war er bis 1938 in Zürich tätig. Weil er zusammen mit Jakob Wildermuth zwischen 1938 und 1940 die Zwinglikirche ausführte, verlegte er sein Büro, das er bis 1974 betrieb, nach Winterthur. Dank vielen öffentlichen Wettbewerbserfolgen konnte er mehrere Schulhäuser, das Strandbad in Arbon, das Kantonsspital in Winterthur und das Altersheim Adlergarten bauen. Er gehörte verschiedenen Vorständen an, wie dem Technischen Verein, dem SIA und dem BSA, und war Mitglied der Kirchenpflege Winterthur. Seine Gebäude wirken durch ihre kompakten Baukörper, ihre konstruktive Klarheit und ihre städtebauliche Prägnanz zeitlos modern.

PERSONENVERZEICHNIS

Aalto, Alvar (1898-1976), Finnland, Architekt, *C4*

Affeltranger, Hans (*1919), Kunstmaler, *B5*

Affeltranger, Heinrich (*1922), Architekt, *C7, D1, d9, H3, K4*

Agustoni, Rinaldo (*1955), Architekt, *h13*

Amsler, Arnold (*1942), Architekt, *a22, c12, J7, I10*

Amsler, Vrendli (*1947), Architektin, *a22, c12, J7, I10*

Bänninger, Otto Charles (1897-1973), Künstler, *K3*

Bareiss, Karl Friedrich Wilhelm (1819-1885), Architekt, erster Stadtbaumeister in Winterthur 1860-1871, *A4*

Baumgartner, Ulrich (*1920), Architekt, *A8, a13, c10, F7, J1, J4, K10, M4*

Baur, Hermann (1894-1980), Basel, Architekt, *F1*

Bernoulli, Hans (1876-1959), Basel, Architekt, Dozent für Städtebau an der ETHZ 1912-1939, *S. 256, 258, 259*

Bianchi, Eugen (1883-1948), Zürich, Architekt, *j13*

Binder, Hans (*1963), Architekt, *F2*

Blatter, Albert (*1930), Architekt, *e6, H4, H6*

Bodmer, Albert (1893-1990), Bebauungsplan-Ingenieur, *S. 99, 107*

Bolt, Markus (*1951), Frauenfeld, Architekt, *A1, b9, c11, E1, g13*

Bosshardt, Edwin (1904-1986), Architekt, *B6, C5, C9, K3, k14, M2, m16, S. 263*

Bovet, Jean-Marc (*1934), Architekt, *a15*

Brunold, Anton (*1922), Architekt, *F4*

Bühler, Fridolin (*1932), Architekt, *I8*

Bühler, Julius (1887-1947), Architekt, *M9*

Burkard, Urs (*1942), Baden, Architekt, *B3*

Cattani, Emmanuel (*1951), Paris, Architekt, *G5*

Cerfeda, Giovanni (*1955), Architekt, *a14, F5, I9*

Cramer, Fred (*1923), Zürich, Architekt, *K9*

Dahinden, Alex (*1952), Architekt, *F8, j11, K13, L4, M11*

Eberle, Hans (*1935), Glattbrugg, Architekt, *e6, H6*

Egli, Dieter (*1932), Architekt, *M6*

Eidenbenz, Eberhard (*1917), Zürich, Architekt, *a21, D6*

Eppler, Hermann (*1941), Baden, Architekt, *G8*

Erni, Hans (*1909), Künstler, *B5*

Fent, Giuseppe (*1952), Architekt, *a14, F5, l9*

Flubacher, Fritz (*1924), Architekt, *e4*

Förderer, Walter (*1928), Basel, Architekt, *C8*

Frey, Werner (*1912), Zürich, Architekt, *B7, b11*

Fritschi, Emil Joseph (1877-1951), Architekt, *A6, A7, a19, J1, k15, S. 261*

Furrer, Walter (1870-1949), Architekt, *D4, d12, G2, S. 260, 262*

Gehr, Ferdinand (1896-1996), Kunstmaler, *F1*

Gigon, Anette (*1959), Zürich, Architektin, *B4*

Gilg, Karl (1879-1966), Architekt, Hauptlehrer am Technikum ab 1908, *H4*

Gubler, Ramona (*1961), Architektin, *D2*

Guhl, Cédric (*1931), Zürich, Architekt, *C4, h16*

Guyer, Mike (*1958), Zürich, Architekt, *B4*

Hänseler, Christoph (*1952), Architekt, *F6*

Hauser, Gottlieb Albert (1882-1960), Architekt, *A7, D8, k19*

Haussmann, Robert (*1931), Zürich, Architekt, *a20*

Haussmann, Trix (*1933), Zürich, Architektin, *a20*

Heim, Werner (*1955), Architekt, *F8, j11, K13, L4, M11*

Hellstern, Max (*1927), Kunstmaler, *A8*

Hertig, Heinz (*1932), Zürich, Architekt, *k18*

Hertig, Walter (*1930), Zürich, Architekt, *k18*

Hilfiker, Hans (*1901), Architekt, *K6*

Hitz, Walter (1902-1954), Architekt, *D8, d14*

Hofer, Josef (*1946), Zürich, Architekt, *B2*

Hofmann, Hans (1897-1957), Zürich, Architekt, Dozent an der ETHZ, *A2, c15, D6, K1, M13, S. 258*

Hohloch, Hans (1900-1976), Architekt, *M7, S. 262*

Höltschi, Hanspeter (*1949), Adlikon, Bauingenieur, *g15*

Hostettler, Ernst (*1924), Waltalingen, Architekt, *h12*

Hotz, Theo (*1928), Zürich, Architekt, *G10*

Hurter, Werner (*1932), Architekt, Kunstmaler, *l8, m17*
Irion, Heinrich (*1939), Architekt, *g12, h9, L6, M6*
Isler, Herbert (1910-1988), Architekt, *D6, K12*
Jaray, Werner (*1920), Zürich, Architekt, *K9*
Jedele, Markus (*1963), Architekt, *d13, J3*
Jelmini, Camillo (*1935), Künstler, *C4, H6*
Jung, Ernst (1841-1912), Architekt, *J4*
Kaczorowski, Kasimir (1882-1971), Architekt, *h15, k16*
Keller, Friedrich (1897-1963), Architekt, *D4*
Kellermüller, Adolf (1895-1981), Architekt, *A2, c15, D6, G3, g11, H4, H5, K1, K7, M10, M13, S. 257, 258, 260*
Kisdaroczi, Jozsef (*1949), Architekt, *d13, J3*
Klaiber, Alfred (*1922), Architekt, *C7, D1, d9, H3, K4*
Krayenbühl, Frank (*1935), Zürich, *B1, K5*
Kreis, Wilhelm (1873-1955), Architekt, Professor an der Kunstakademie Düsseldorf, *S. 262*
Krentel, Max (*1925), Architekt, *b10*
Kunz, Peter (*1966), Architekt, *C6*

Landolt, Robert (*1907), Architekt, *G2, L7, S. 256, 259*
Lanter, Erik (1921-1985), Zürich, Architekt, *C3*
Lanz, Hans Rudolf (*1923), Architekt, *C8, G3, K7, S. 258*
Lattmann, Ruedi (*1954), Architekt, *F6*
Lechner, Max (*1932), Zürich, Architekt, *C4*
Le Corbusier, Charles Edouard Jeanneret (1887-1965), La Chaux de Fonds, Architekt, *S.15, C2, C3, S. 263*
Leemann, Peter (*1930), Zürich, Architekt, *h11*
Lewitt, Sol (*1928), USA, Künstler, *A1*
Loetscher, Felix (*1934), Architekt, *b8, D3, h8*
Lüthi, Stephan (*1963), Architekt, *J6, K8*
Mäder, Stefan (*1951), Zürich, Architekt, *G8*
Maillart, Robert (1872-1940), Ingenieur, *F10*
Mantel, Joachim (*1941), Architekt, *a17, k20, L2, L4, m19*
Märkli, Peter (*1953), Zürich, Architekt, *L5*
Matt, Hans von (*1899), Maler, Bildhauer, *F1*
Mattioli, Silvio (*1929), Bildhauer, *B5*
Mayer-Schöbi, Frank und Regula, Architekten, *h16*

Meier, Roland (*1961), Architekt, *D2*

Mendelsohn, Erich (1887-1953), Deutschland, Architekt, *A6*

Merkelbach, Robert (1884-1974), Architekt, *D4*

Meyer, Adrian (*1942), Baden, Architekt, *B3*

Meyer, Thomas (*1951), Architekt, *A4*

Moilliet, Louis (1880-1962), Kunstmaler, *K3*

Moore, Charles (*1925), Orinda, Kalifornien, USA, Architekt, *J5*

Moos, Hannes (*1956), Architekt, *j12, L4*

Moser, Karl (1860-1936), Zürich, Architekt, Professor an der ETHZ 1915-1928, *S. 257, 259*

Müller, Walter (1882-1962), Architekt, *D4*

Naef, Hanibal (1902-1979), *S. 257*

Niederhäusern, Fritz von (1876-1955), Olten, Zimmermann, Architekt, *k21*

Ninck-Goldschmid, Johannes (1863-1939), Westerburg (Deutschland), Pfarrer, Lehrer, Privatgelehrter, Graphologe, Vater von Hans Ninck-Schindler, *S. 256*

Ninck-Schindler, Hans (1893-1985), Architekt, *G2, L7, M5, S. 256, 259*

Nouvel, Jean (*1945), Paris, Architekt, *G5*

Ott, Alex (*1926), Architekt, *K11*

Otto, Rolf Georg (*1924), Basel, Architekt, *C8*

Paillard, Claude (*1923), Zürich, Architekt, *K9*

Pfeiffer, Walter (1893-1957), Bauingenieur, *F10*

Pfister, Otto (1880-1959), Zürich, Architekt, *S. 11*

Pfister, Werner (1884-1950), Zürich, Architekt, *S. 11*

Philipp, Walter (*1933), Zürich, Architekt, *C4, k17*

Piotrowski, Stefan (*1952), Architekt, *a15*

Prêtre, Gérard (*1959), Architekt, *a16, d11, L1*

Ramseier, Walter (*1942), Zürich, Architekt, *a18*

Reinhart, Arthur Hermann (1895-1993), Architekt, *G1, G2, J1, J2, L7, S. 256, 259*

Reinhart, Oskar (1885-1965), Kaufmann, Kunstsammler, *S. 261*

Reinhart-Sulzer, Paul (1869-1939), Baumwollkaufmann, *J4*

Rittmeyer, Robert (1868-1960), Architekt, *d12, G2, S. 257, 259, 260, 262, 263*

Rohn, Roland (1905-1971), Zürich, Architekt, *A10*

Rothen, Beat (*1957), Architekt, *D5, f11, J8*

Rothen, Robert (*1932), Architekt, *D5, f11, m15*

Rüeger, Ernst (1898-1978), Architekt, *c13, d15, h7, J2, S. 261*

Rüegger, Max (*1922), Architekt, *d10*

Ruf, Pius (1901-1955), Bauführer, *A7, D8, k19*

Rütte, Friedrich Wilhelm von (1829-1903), Mülhausen, Architekt, *J4*

Rutherfoord, Thomas (*1956), Künstler, *A1, C6*

Schader, Jacques (*1917), Basel, Architekt, *C3*

Schäublin, Othmar (*1945), Zürich, Architekt, *h10*

Scheibler, Franz (1898-1960), Architekt, *A5, a11, C1, c16, D7, e7, F6, f12, K2, S. 260*

Scheibler, Ulrich (*1935), Architekt, *A9, H1*

Schilling, Albert (*1904), Bildhauer, *F1*

Schleich, Heinrich (1840-1911), Bauingenieur, Stadtingenieur in Winterthur 1880-1901, *S. 81*

Schmassmann, Karl (1906-1977), Architekt, *D8*

Schmid, Andreas (*1957), Architekt, *d13, j12, L4*

Schmocker, Fritz (*1938), Oberrieden, Architekt, *M3*

Schneider, Thomas (*1952), Architekt, *a16, d11, L1*

Schoch, Robert (*1930), Zürich, Architekt, *k18*

Schoch, Werner (1908-1995), Architekt, *J8*

Schurter, Ulrich (*1947), Neerach, Bauingenieur, *g15*

Schwarz, Oliver (*1948), Zürich, Architekt, *A4*

Schwengeler, Beat (*1961), Architekt, *M8*

Seiler, Thomas (*1960), Zürich, Architekt, *g14*

Siegrist, Hermann (1894-1975), Architekt, *A3, C2, F3, M5, M12, m21, S. 257, 260*

Siegrist-Allweyer, Hermann (1868-1937), Architekt, *S. 257*

Solnzeva, Tamara (1900-1990), Moskau, Architektin, Gattin von Hermann Siegrist, *S. 257*

Spoerli, Peter (*1940), Architekt, *G1*

Spoerli, Robert (1930-1986), Architekt, *j10*

Stadelmann, Paul (1895-1958), Architekt, *H4*

Staub, Peter (*1933), Muri, Architekt, *J5*
Steib, Jakob (*1959), Zürich, Architekt, *L3*
Steiger, Max (*1942), Baden, Architekt, *B3*
Steiner, Albert Heinrich (*1905), Zürich, Architekt, *h14*
Steiner, Robert (*1931), Architekt, *m16*
Stolz, Karl Eugen (1887-1967), Architekt, *K4*
Sträuli, Robert (1898-1986), Architekt, *A6, A7, a19, c13, c14, d15, h7, J2, k15, L7, S. 261*
Studer, Kaspar Emil (1844-1927), Architekt, *C9*
Studer-Koch, Rosa (*1907), Zürich, Bildhauerin, *D3*
Stutz, Peter (*1932), Architekt, *A1, b9, c11, E1, E3, g13, j9, m18*
Sullivan, Louis (1856-1924), USA, Architekt, *S. 11*
Sulzer Baubüro, *G7, M1, m14*
Suter, Hans Rudolf (*1908), Basel, Architekt, *a12, G4, G6, g13, M1*
Suter, Peter (*1914), Basel, Architekt, *a12, G4, G6, g13, M1*
Tanner, Robert (*1936), Architekt, *b8, D3, e5, h8*
Tessenow, Heinrich (1876-1950), Deutschland, Architekt, *C1, K1, S. 260*
Teuwen, Andrea (*1950), Zürich, Architektin, *h10*
Van der Rohe, Ludwig Mies (1886-1969), Deutschland und USA, Architekt, *B5*
Völki, Lebrecht (1879-1937), Architekt, *S. 11, G9*
Wagner, Marisa (*1962), Zürich, Architektin, *g14*
Walti, Paul Otto (1896-1970), Zürich, Architekt, *E2, H2, m22*
Weber, Jürg (*1950), Zürich, Architekt, *B2*
Wehrli, Peter (*1965), Architekt, *d13*
Weishaupt, Hans (*1929), Architekt, *B5, F9*
Weiss, Rudolf (*1953), Architekt, *j12, L4*
Werro, Cla (*1949), Architekt, *m20*
Wildermuth, Jakob (1883-1942), Architekt, *H2, K3, K4, S. 263*
Wille, Sabine (*1965), Architektin, *M8*
Wright, Frank Lloyd (1869-1959), USA, Architekt, *J4*
Zangerl, Hermann (1845-1947), Kappel im Tirol, Architekt, *A6, A7, a19, J1, k15, S. 261*
Zehnder, Hans (*1930), Architekt, *C7, D1, d9, H3, K4*
Zollinger, Ernst (*1954), Architekt, *a14, F5*
Zwimpfer, Hans (*1930), Basel, Architekt, *C8*

BAUTENVERZEICHNIS NACH FUNKTIONEN

Die einzelnen Bauobjekte sind nach ihren Funktionen aufgelistet und chronologisch geordnet.

WOHNEN

Einfamilienhäuser:

Haus Saas / Wölflinweg 9 / Arthur Reinhart / 1929-1930	G1
Haus Keller / Leimeneggstrasse 22 / Franz Scheibler / 1930	C1
Haus Kellermüller / Alte Römerstrasse 1 / Adolf Kellermüller / 1930, 1949	M10
Haus Weiss / Breitestrasse 23 / Arthur Reinhart / 1932, 1964	J2
Haus Donati / Kurlistrasse 20 / Julius Bühler / 1932-1933	M9
Haus Grimm / Kurlistrasse 22 / Paul Otto Walti, Zürich / 1933	m22
Atelierhaus Meier / Brünnelihöhestrasse 12 / Adolf Kellermüller / 1936-1937	g11
Haus Brunner / Endlikerstrasse 22 / Walter Philipp / 1961	k17
Haus Hedinger / Schickstrasse 3 / Rolf Georg Otto, Basel / 1961-1963, 1995	C8
Haus Müller / Haldenstrasse 78 / Klaiber, Affeltranger & Zehnder / 1963	C7
Haus Reinhart / Hochwachtstrasse 10 / Ulrich Baumgartner / 1963	J4
Haus Schnewlin / Rychenbergstrasse 141 / Ulrich Baumgartner / 1964	C10
Haus Zwimpfer / Weinbergstrasse 106 / Max Rüegger / 1964	d10
Zweifamilienhaus / Im Schützenbühl 2, 4 / Hurter & Bühler / 1964, 1972	I8
Haus Ryser / Frauenfelderstrasse 120 / Hermann Siegrist / 1964-1966, 1995	M12
Haus Stutz / Jonas Furrer-Strasse 123 / Peter Stutz / 1968	j9

Haus Reinhart / Hochwachtstrasse 12 / Peter Staub, Zürich / 1971-1972	J5
Haus Wegmann / Florenstrasse 65 / Peter Märkli, Zürich / 1986-1987	L5
Haus Tavernaro / Burgstrasse 12 / Dahinden & Heim / 1992-1993	F8
Zweifamilienhaus / Kurlistrasse 44 / Beat Schwengeler, Sabine Wille / 1993	M8
Wohnpavillon Kohler / Bühlholz 4a / Kisdaroczi & Jedele / 1993-1994	J3
Anbau / Haarbachstrasse 4a, 4b / Arnold & Vrendli Amsler / 1994	I10
Einfamilienhausanbau / Schützenstr. 125 / Roland Meier, Romana Gubler / 1994-1995	D2
Haus Heusser / Hochwachtstrasse 16 / Stephan Lüthi / 1994-1995	J6
Haus Käch / Gütlitobelweg 27 / Arnold & Vrendli Amsler / 1995-1996	c12
Reiheneinfamilienhausanbau / Giesserstr. 21 / M. Wagner, Th. Seiler, Zürich / 1995-1996	g14
Haus Kunz / Haldenstrasse 74 / Peter Kunz / 1996-1997	C6
Wohnturm / Bütziackerstrasse 21 / Frank & Regula Mayer-Schöbi / 1996-1997	h16

Mehrfamilien- und Personalhäuser:

Reihenhäuser / Brühlbergstr. 42-48, Mythenstr. 48-58 / Reinhart, Ninck, Landolt / 1931	G2
Wohnhotel / Wülflingerstrasse 15 / Paul Otto Walti, Zürich / 1931, 1950	E2
Wohn- und Geschäftshaus Renz / Oberer Deutweg 59 / Wildermuth & Stolz / 1932-1933	K4
Wohn- und Geschäftshaus Müller / Untertor 18 / Fritschi, Zangerl & Sträuli / 1933 (Bd2 A7)	a19
Wohn- und Geschäftshaus / St. Gallerstrasse 82, 84 / Hauser & Ruf / 1937 (Bd2 D8, d14)	k19
Wohn- und Geschäftshaus Zwicker / Untertor 4 / Hauser & Ruf / 1937 (Bd2 a19)	A7
Mehrfamilienhäuser / Büelrainstr. 25, Langgasse 75 / Eugen Bianchi, Zürich / 1937	j13
Wohn- und Geschäftshaus Scherrer / Corrodistrasse 2 / Hermann Siegrist / 1938-1939	A3
Mehrfamilienhaus Restaurant Oldtimer / Wülflingerstr. 18 / Walter Hitz / 1940 (Bd2 D8, k19)	d14
Wohn- und Geschäftshaus / Wülflingerstr. 84, Bachtelstr. 150 / K. Schmassmann / 1940-1941	D8
MFH / Flüelistr. 2, Aeckerwiesenstr. 20-26, Blumenaustr. 14 / Franz Scheibler / 1946-1948	e7
Überbauung Friedtal / Lindstrasse 40, 42; Rychenbergstrasse 2 / Franz Scheibler / 1956	c16

Mehrfamilienhaus / Tösstalstrasse 131 / Alex Ott / 1959-1960	K11
Wohnhochhaus / Weberstrasse 91 / Herbert Isler / 1960	K12
Wohn- und Geschäftshaus / Zürcherstrasse 129 / Ernst Hostettler, Waltalingen / 1961	h12
Mehrfamilienhaus / Mooswiesenweg 2, 2a / Werner Hurter / 1962-1963	m17
Überbauung Härti / Wülflingerstr. 386, 388 / Hermann Siegrist / 1963-1964, 1966-1968	F3
Überbauung Schlosstal / Schlosstalstr. 31, Friedliweg 1-5 / Ulrich Scheibler / 1964-1965	H1
Überbauung Grüzefeld / Strahleggweg 1-30 / Cramer, Jaray, Paillard, Zürich / 1965-1968	K9
Schwesternheim, Krankenpflegeschule / Albanistrasse 24 / Edwin Bosshardt / 1968	C5
Zentrum Töss / Zürcherstrasse 102-108 / Klaiber, Affeltranger & Zehnder / 1969	H3
Zentrum Römertor / Guggenbühlstrasse 2, 4, 6 / E. Bosshardt, R. Steiner / 1970-1971	m16
Überbauung Büelhof / Büelhofstr. 33-37, Landvogt Waserstr. 70 / H. Irion / 1973-1974	L2
Wohn- und Geschäftshaus Liaskovski / Untertor 16 / W. Ramseier, Zürich / 1984-1985	a18
Mehrfamilienhaus / Roggenweg 20, 22 / Joachim Mantel / 1986-1990	L2
Mehrfamilienhaus Römergut / Museumstrasse 1 / Max Krentel / 1990-1991	b10
Mehrfamilienhaus im Hard / Im Hard 23-35 / Cerfeda, Fent, Zollinger / 1991	F5
Mehrfamilienhaus / Reismühlestrasse 11, 13 / F. Schmocker, Oberrieden / 1991-1993	M3
Mehrfamilienhaus / Weizackerstrasse 25 / Jakob Steib, Zürich / 1992-1993	L3
Mehrfamilienhaus / Alte Römerstrasse 1 / Dahinden & Heim / 1993-1995	M11
Reihenhäuser / Am Bach 44-54 / Dahinden & Heim / 1994	K13
Mehrfamilienhäuser / Reutlingerstrasse 15, 17 / Joachim Mantel / 1994-1995	m19
Wohnüberbauung / Winzerstr. 58; Weinbergstr. 69, 71 / Robert & Beat Rothen / 1994-1996	D5
Wohn- und Geschäftshaus / Theaterstrasse 18-26 / Tanner & Loetscher /1994	b8
Mehrfamilienhaus / Rössligasse 12 / Schneider & Prêtre / 1995	L1
Sanierung Mehrfamilienhäuser / Weststrasse 136, 138 / Schneider & Prêtre / 1995	d11
Mehrfamilienhaus / Nägelseestrasse 30 / Heinrich Irion / 1995-1996	h9
Wohnüberbauung / Holzlegistrasse 15a+b, Riedhofstrasse 25 / Hans Binder / 1995-1997	F2

Siedlungen:

Siedlung Stadtrain / Frauenfelderstr. 77-111 / Kellermüller & Hofmann / 1928-1934, 1943	M13
Siedlung Leimenegg / Leimeneggstrasse 27-35, 43, 45 / Hermann Siegrist / 1930-1932	C2
Siedlung Schöntal / O. Schöntalstr. 21-27, Zürcherstr. 63, 65 / L. Völki / 1930-1934 (Bd1 g15)	G9
Siedlung Holzhaus / Weststrasse 101-110, 111,113 / Franz Scheibler / 1931-1934	D7
Siedlung Oberer Letten / Resedaweg u.a. / Rittmeyer & Furrer / 1932	d12
Siedlung Hegmatten / Schoorenstrasse 30-51 / Hermann Siegrist / 1939-1940	M5
Siedlung Kloster / Dammwiesenstrasse 3-30 / Kasimir Kaczorowski / 1941-1942	h15
Siedlung Hardau / Hardau 1-80 / Franz Scheibler / 1943-1944	F12
Kolonie Winzerstrasse / Winzerstr. 31-73, 32-54 / Kellermüller & Hofmann / 1947-1948, 1950	D6
Teppichsiedlung / Burgstrasse 16-24 / Ulrich Baumgartner / 1958-1961	F7
Terrassensiedlung / Haltenrebenstrasse 100-122 / Anton Brunold / 1969-1971	F4
Terrassensiedlung / Im Morgentau 15a-21c / Hans Weishaupt / 1978	F9
Wohnüberbauung / Gotzenwilerstrasse 6-53 / Architektengemeinschaft / 1988-1990	L4
Sanierung Siedlung Zelgli / Eisweiherstrasse 2-120 / Beat Rothen / 1996-1997	J8
Terrassensiedlung / Haltenrebenstrasse / Robert & Beat Rothen / Projekt	f11
Wohnüberbauung am Heiligberg / Hochwachtstrasse / Dahinden & Heim / Projekt	j11

BILDUNG UND FORSCHUNG

Kindergärten:

Kindergarten Äusseres Lind / Lindstrasse 45 / Robert Sträuli / 1928 (Bd2 L7)	c14
Kindergarten Töss / Emil Klöti-Strasse 18 / Wildermuth & Walti / 1929	H2
Kindergarten Seen / Büelhofstrasse 27 / Reinhart, Ninck, Landolt / 1931-1932	L7
Kindergarten Wülflingen / Rappstrasse 20 / Franz Scheibler / 1946, 1995	F6

Kindergarten im Gerzler / Steinbruchweg 1 / Hermann Siegrist / 1960-1962 — m21
Kindergarten Zinzikon / Ruchwiesenstrasse 10 / Cla Werro / 1993-1994 — m20

Unter- und Oberstufenschulen:

Schulhaus Lindberg / Bäumlistrasse 39 / Hans Hohloch / 1934-1935, 1947, 1974, 1975 — M7
Schulhaus Schönengrund / Weberstrasse 2 / Franz Scheibler / 1958-1959 — K2
Schulhaus Gutschick / Scheideggstrasse 1 / Ulrich Baumgartner / 1964-1967 — K10
Schulhaus Wallrüti / Guggenbühlstrasse 140 / H. Irion & D. Egli / 1974 — M6
Schulhaus Obersee / Gotzenwilerstrasse / Cerfeda & Fent / 1995-1997 — l9
Schulhaus Veltheim / Wiesenstrasse / Kisdaroczi, Jedele, Schmid, Wehrli / Projekt — d13

Mittelschulen:

Kantonsschule Rychenberg / Rychenbergstr. 110, 120 / Erik Lanter, Zürich / 1960-1963 — C3
Erweiterung Kantonsschule Rychenberg / Rychenbergstrasse 108 / Stutz & Bolt / 1990 — c11
Mittelschule Büelrain / Rosenstrasse 1 / Arnold & Vrendli Amsler / 1990-1993 — J7

Berufs- und Gewerbeschulen:

Gewerbeschule / Tösstalstrasse 24 / Kellermüller & Hofmann / 1948-1949 — K1
Schwesternheim, Krankenpflegeschule / Albanistrasse 24 / Edwin Bosshardt / 1968 — C5
Anton Graff Haus / Zürcherstrasse 28 / Kellermüller & Lanz / 1968-1969 — G3
Gewerbliche Berufsschule / Wülflingerstrasse 17 / Peter Stutz / 1971-1974, 1994 — E3

Höhere Lehranstalten:

Technikum Physikgebäude / Technikumstrasse 9 / Hans Suter, Zürich / 1958-1961	a12
Konservatorium / Tössertobelstrasse 1 / Guhl, Lechner, Philipp; Zürich / 1965-1966	C4
Technikum Mensa und Bibliothek / Technikumstrasse 36 / Ulrich Baumgartner / 1979	a13
Architekturabteilung TWI / Tössfeldstrasse 11 / H. Eppler, Baden; St. Mäder, Zürich / 1992	G8
Erweiterung HWV / St. Georgenplatz 2 / Weber & Hofer, Zürich / 1995-1996	B2

KULTUR

Theater am Stadtgarten / Theaterstrasse 6 / Frank Krayenbühl, Zürich / 1975-1979	B1
Kulturhaus Loge / Oberer Graben 6 / Schwarz & Meyer, Zürich / 1988-1991	A4
Musikpavillon / Merkurstrasse / Arnold & Vrendli Amsler / 1991	a22
Alte Kaserne / Technikumstrasse 8 / Cerfeda, Fent, Zollinger / 1992 Umbau	a14
Erweiterung Kunstmuseum / Lindstrasse / Gigon & Guyer, Zürich / 1995	B4

FÜRSORGE UND GESUNDHEIT

Kantonsspital Winterthur / Brauerstr. 15-17 / Edwin Bosshardt / 1948-1950, 1951-1954, 1968	C9
Altersheim Adlergarten / Adlerstrasse 2 / Edwin Bosshardt / 1965-1968	k14
Altersheim Rosental / Rosentalstrasse 65 / Klaiber, Affeltranger & Zehnder / 1974-1977	D1
Krankenheim / Stadlerstrasse 164 / Peter Stutz / 1979-1982, 1994-1995	m18

KULTUS

Kirche Herz Jesu / Oberer Deutweg 83-89 / Kasimir Kaczorowski / 1932-1933	k16
Zwinglikirche / Zwingliplatz 2 / Jakob Wildermuth, Edwin Bosshardt / 1938-1940, 1961	K3

Kirche St. Laurentius / Oberfeldweg 17 / Hermann Baur, Basel / 1958-1959 — F1
Reformierte Kirche / Bettenstrasse 3 / Klaiber, Affeltranger & Zehnder / 1960 — d9
Kirchgemeindehaus Töss / Stationsstrasse 3a / Peter Leemann / 1968-1969 — h11
Pfarreizentrum / Metzgerstrasse 46 / Tanner & Loetscher / 1969 (Bd1 H2) — h8
Kirchenzentrum St. Ulrich / Seuzacherstrasse 1, 3 / Tanner & Loetscher / 1969-1971 — D3

INDUSTRIE

Sulzer Oberwinterthur / Hegifeld-, St. Gallerstrasse / Suter & Suter, Basel / ab 1907 — M1
Industrieareal Rieter / Klosterstr. 20 / Gilg & Stadelmann, Albert Blatter / ab 1908 — H4
Werkstattgebäude / Tössfeldstrasse / Baubüro Sulzer / 1930-1931 — G7
Triebwerksprüfstand / Orbühlstrasse 30 / Baubüro Sulzer / 1952-1965 — m14
Neues Kesselhaus / Zürcherstrasse / Suter & Suter, Basel / 1954-1957 — G6
Neugestaltung Sulzerareal / Zürcherstrasse / Nouvel & Cattani, Paris / Projekt — G5

HANDEL UND GEWERBE

Geschäftshaus Wiedmann / Reitweg 2 / Fritschi, Zangerl & Sträuli / 1928, 1948 — k15
Garage Lind / Meilistrasse / Kellermüller & Hoffmann / 1930 — c15
Kaufhaus Hasler / Marktgasse 70 / Fritschi, Zangerl & Sträuli / 1931-1933 — A6
Wohn- und Geschäftshaus Renz / O. Deutweg 59 / Wildermuth & Stolz / 1932-1933, 1971 — K4
Wohn- und Geschäftshaus Müller / Untertor 18 / Fritschi, Zangerl & Sträuli / 1933 (Bd2 A7) — a19
Lagerhaus USEGO / St. Gallerstrasse 182 / Fritz von Niederhäusern, Olten / 1936 — k21
Schlachthof / Schlachthofstrasse 19-25 / Sträuli & Rüeger / 1936-1937 — h7
Wohn- und Geschäftshaus Zwicker / Untertor 4 / Hauser & Ruf / 1937 (Bd2 a19) — A7
Wohn- und Geschäftshaus / St. Gallerstr. 82, 84 / Hauser & Ruf / 1937 (Bd2 D8, d14) — k19
Wohn- und Geschäftshaus Scherrer / Corrodistrasse 2 / Hermann Siegrist / 1938-1939 — A3

Wohn- und Geschäftshaus / Wülflingerstr. 84, Bachtelstr. 150 / K. Schmassmann / 1940-1941	D8
Lagerhaus VOLG / Schaffhauserstrasse 8 / Sträuli & Rüeger / 1951, 1996 umgebaut	d15
Geschäftshaus Aeberhardt / Zürcherstr. 254 / Albert Heinrich Steiner, Zürich / 1955, 1973	h14
Geschäftshaus Sigg / Bankstrasse 4 / Eberhard Eidenbenz, Zürich / 1956-1957	a21
Wohn- und Geschäftshaus / Zürcherstrasse 129 / Ernst Hostettler, Waltalingen / 1961	h12
Werkstattgebäude Garage Erb / Waldhofstrasse 4 / Heinrich Irion / 1963	g12
Altstadt Apotheke / Stadthausstrasse 131 / Ulrich Scheibler / 1963-1964, 1988-1989	A9
Stadtgärtnerei / Hochwachtstrasse 23 / Robert Spoerli / 1968	j10
Zentrum Töss / Zürcherstrasse 102-108 / Klaiber, Affeltranger & Zehnder / 1969	H3
Geschäftshaus / Talwiesenstrasse 1 / Robert Rothen / 1970-1971	m15
Garage Franz AG / St. Gallerstrasse 106 / Frank Krayenbühl, Zürich / 1971-1975	K5
Wohn- und Geschäftshaus Liaskovski / Untertor 16 / W. Ramseier, Zürich / 1984-1985	a18
Geschäftshaus Mietauto AG / Auwiesenstrasse 55 / Rinaldo Agustoni / 1986	k13
Buchhandlung Vogel / Marktgasse 41 / Joachim Mantel / 1990 Ladenumbau	a17
Geschäftshaus Phonag / Zürcherstrasse 77 / O. Schäublin, A. Teuwen, Zürich / 1991	h10
Optiker Eisen / Marktgasse 16 / Schneider & Prêtre / 1992	a16
Bijouterie Mundwiler / Kasinostrasse 3 / Trix & Robert Haussmann, Zürich / 1993 Umbau	a20
Wohn- und Geschäftshaus / Theaterstrasse 18-26 / Tanner & Loetscher / 1994	b8
Werkstattgebäude / Im Hölderli 13a / Stephan Lüthi / 1995-1996	K8

VERWALTUNG UND DIENSTLEISTUNG

Bürogebäude Sulzer / Zürcherstr. 12 / Suter & Suter, Basel; Stutz & Bolt / 1954-1956, 1990	g13
Geschäftshaus SWICA / Römerstrasse 37 / Werner Frey, Zürich / 1957	B7
Schweizerische Mobiliar / Technikumstrasse 79 / Franz Scheibler / 1959	a11
Bürogebäude Winterthur Versicherungen / Römerstr. 17 / E. Bosshardt / 1959-1961, 1995	B6
Geschäftshaus Telecom / Wartstrasse 2 / Fritz Flubacher, Zürich / 1962	e4

Sulzerhochhaus / Neuwiesenstrasse 15 / Suter & Suter, Basel / 1963-1966	G4
Geschäftshaus / Stadthausstrasse 14 / Roland Rohn, Zürich / 1964-1968, 1992	A10
Winterthur Versicherungen / General Guisan-Str. 40, 42 / Stutz & Bolt / 1976-1978, 1983-1985	b9
Zürcher Kantonalbank / Untertor 30 / Ulrich Baumgartner / 1976-1981	A8
Geschäftshaus SWICA / Römerstrasse 38 / Werner Frey, Zürich / 1981-1983	b11
Bürogebäude Winterthur Versicherungen / Paulstrasse 12 / Tanner & Partner / 1988-1992	e5
Bürogebäude Winterthur Versicherungen / Paulstrasse 9 / Stutz & Bolt / 1989-1993	E1
Training Center Rieter / Auwiesenstrasse / Blatter, Eberle, Partner / 1990	H6
Atelieranbau Haus Turmhalden / Heiligbergstrasse 4 / Weiss, Schmid & Moos / 1991	j12
SUVA Verwaltungsgebäude / Lagerhausstrasse 15-19 / Stutz & Bolt / 1992-1994	A1
Erweiterung Krankenversicherung / Konradstrasse 12-16 / Blatter, Eberle, Partner / 1993	e6
Hochhaus Telecom / Theaterstrasse / Burkard, Meyer, Steiger; Baden / Projekt	B3

GASTGEWERBE

Volkshaus / Meisenstrasse 2, 4 / Kellermüller & Hofmann / 1937-1938	A2
Mehrfamilienhaus Restaurant Oldtimer / Wülflingerstr. 18 / Walter Hitz / 1940 (Bd2 D8, k19)	d14
Personalrestaurant Rieter / Industrieareal Rieter / Adolf Kellermüller / 1949	H5
Personalrestaurant Sulzer / Hegifeldstrasse 10 / Edwin Bosshardt / 1955-1956	M2
Gartenhotel / Stadthausstrasse 4 / Franz Scheibler / 1955-1956, 1996-1997	A5
Anton Graff Haus / Zürcherstrasse 28 / Kellermüller & Lanz / 1968-1969	G3
Zentrum Töss / Zürcherstrasse 102-108 / Klaiber, Affeltranger & Zehnder / 1969	H3
Personalrestaurant / Römerstrasse 15 / Hans Weishaupt / 1969-1970	B5
Zentrum Römertor / Guggenbühlstrasse 2, 4, 6 / E. Bosshardt, R. Steiner / 1970-1971	m16
Technikum Mensa und Bibliothek / Technikumstrasse 36 / Ulrich Baumgartner / 1979	a13
Kulturhaus Loge / Oberer Graben 6 / Schwarz & Meyer, Zürich / 1988-1991	A4
Alte Kaserne / Technikumstrasse 8 / Cerfeda, Fent, Zollinger / 1992 Umbau	a14

SPORT UND FREIZEIT

Schwimmbadanlage Oskar Reinhart / Schickstrasse 10 / Sträuli & Rüeger / 1929   c13
Schwimmbad Wolfensberg / Rütihofstrasse 15 / Furrer & Merkelbach / 1935-1936   D4
Hallenbad Geiselweid / Pflanzschulstrasse 6a / Hertig, Hertig, Schoch; Zürich / 1974   k18

VERKEHR UND INFRASTRUKTUR

Fussgängersteg / Im Schlosstal / Walter Pfeiffer / 1933   F10
Buswartehallen / Arthur Reinhart, Ulrich Baumgartner / 1950, 1953, 1960   J1
Perrondächer / Bahnhof Grüze / Hans Hilfiker, Zürich / 1954-1955   K6
Busdepot Grüzefeld / Grüzefeldstrasse 35 / Kellermüller & Lanz / 1964-1967   K7
Unterhaltsanlage S-Bahn / Flugplatzstrasse 7 / Ulrich Baumgartner / 1988-1991   M4
Erweiterung Kehrichtverbrennungsanlage / Scheideggstr. 50 / Joachim Mantel / 1992   k20
Betriebsgebäude Städtische Werke / Untere Schöntalstr. 12 / Th. Hotz, Zürich / 1994-1996   G10
Elektrizitätsunterwerk / General Guisan-Strasse / Piotrovski & Bovet / 1995   a15
Storchenbrücke / Breite-, Untere Briggerstrasse / Höltschi & Schurter, Zürich / 1995-1996   g15

ANMERKUNGEN

Geschichte:

1	AB2 S. 497
2	DSA S. 216
3	WNB S. 2
4	SW20 S. 43
5	AT S. 6
6	WNB S. 4
7	SW20 S. 74
8	SW20 S. 93
9	SW20 S. 95
10	SW20 S. 131
11	SW20 S. 115
12	DSA S. 211
13	BiW S. 103
14	SW20 S. 125
15	SW20 S. 129
16	SW20 S. 139
17	SW20 S. 162
18	SW20 S. 158
19	SW20 S. 185
20	SW20 S. 187
21	SW20 S. 186
22	SW20 S. 209

Quartierbeschriebe:

23	INSA S. 86
24	INSA S. 87, 88, KZ S. 88
25	INSA S. 88
26	INSA S. 87
27	KZ S. 102
28	INSA S. 88, KZ S. 101
29	INSA S. 89
30	KZ S. 101
31	INSA S. 66, 67
32	KZ S. 101-106
33	INSA S. 29
34	INSA S. 102
35	INSA S. 102, KZ S. 143
36	INSA S. 29, KZ S. 143
37	INSA S. 82
38	INSA S. 29, 103, KZ S. 143, 144
39	INSA S. 103, KZ S. 144

40	INSA S. 103	A8	WJB 1982 S. 214
41	INSA S. 82	A10	BiW S. 104
42	INSA S. 45	B1	WJB 1980 S. 123ff, KZ S. 102
43	INSA S. 97	B2	WJB 1996 S. 194
44	INSA S. 93	B3	SIA 1992 Nr. 30, 31
45	INSA S. 99	B4	WJB 1995 S. 9ff
46	INSA S. 100	B5	KZ S. 107
47	INSA S. 95, 96, KZ S. 111	B6	BiW S. 104, KZ S. 107
48	INSA S. 96, KZ S. 112	C1	AT S. 23, WNB S. 11
49	INSA S. 90-92	C2	HS S. 22ff, SA1 S. 146, WNB S. 13
50	INSA S. 29, 93	C3	SA1 S. 145, KZ S. 127
51	INSA S. 22, 93	C4	BiW S. 108, KZ S. 104
52	INSA S. 26, 27, 94	C5	LB 1968 Nr. 23 S. 19
53	INSA S. 94	C7	IH 1963 S. 339-345
54	INSA S. 92, 93	C8	WJB 1995 S. 209
55	INSA S. 93	C9	BiW S.109, KZ S. 102
56	INSA S. 93	D1	BiW S. 109, WJB 1979 S. 220
57	INSA S. 93	D2	WJB 1996 S. 197
		D3	WJB 1971 S. 360
		D4	INSA S. 185, WNB S. 21
		D5	WJB 1996 S. 96ff

Beschriebene Bauten:

		D6	AT S. 49
A1	WJB 1996 S. 192	D7	AT S. 25, SW S. 43
A2	AT S. 47, KZ S. 99	E1	WJB 1994 S. 193
A3	WNB S. 14	E2	IH 1932 Nr. 9 S. 339ff, WNB S. 12
A4	KZ S. 93, INSA S. 130	E3	WJB 1975 S. 264, SA1 S. 150
A6	MW S. 122ff, WNB S. 15	F1	SBZ 1961 Nr. 24 S. 434
A7	WNB S. 8		

F3	HS S. 12	K2	LB 1960 Nr. 133
F5	WJB 1992 S. 230	K3	KZ S. 111, INSA S. 124, SB S. 260
F6	SB S. 265, WJB 1996 S. 194	K5	WJB 1976 S. 171, SA1 S. 150
F7	SBZ 1961 Nr. 26 S. 460-461	K6	SA1 S. 148
F8	WJB 1992 S. 226	K8	WJB 1996 S. 196
F10	SA1 S. 147, SB S. 236, WNB S. 21	K9	SA1 S. 149, KZ S. 110
G1	WNB S. 11	K10	SA1 S. 148, KZ S. 110
G2	INSA S. 145, WNB S. 12	K12	BiW S. 156, LB 1960 Nr. 233, SBZ 1961 Nr. 26 S. 459
G3	BiW S. 104, WJB 1970 S. 356	L1	WJB 1996 S. 194
G4	BiW S. 104, MS S. 154ff	L2	WJB 1991 S. 269
G5	LB 1993 Nr. 150	L3	WJB 1994 S. 196f
G6	MS S. 145ff	L4	WJB 1991 S. 270f
G7	WNB S. 18, SB S. 286, KZ S. 139	L5	ADS S. 230
G8	WJB 1993 S. 223, SA1 S. 142	L6	AH S. 30
G9	WNB S. 10	L7	AT S. 8, WNB S. 20
G10	WJB 1997 S. 195	M1	MS S. 166ff
H2	WNB S. 20	M2	SBZ 1957 Nr. 11 S. 163-164
H3	BiW S. 112, WJB 1970 S. 354	M3	WJB 1994 S. 194, KS 94 Nr. 1
H4	WNB S. 19, INSA S. 183	M4	WJB 1992 S. 295
J1	INSA S. 162	M5	SW S. 43, AT S. 33, HS S. 12
J2	WNB S. 12	M6	WJB 1975 S. 243
J3	WJB 1995 S. 218	M7	MW S. 102ff, SA1 S. 14, SB S. 265, WNB S. 20
J5	SA1 S. 149	M8	WJB 1995 S. 219
J6	WJB 1996 S. 195	M9	WBW 1934 S. 202
J7	WJB 1994 S. 191, ADS S. 229	M10	AT S. 46, KZ S. 127, WNB S. 11
J8	SW S. 45		
K1	AT S. 48, KZ S. 114, INSA S. 167		

M11	WJB 1996 S. 192
M12	HS S. 12, KZ S. 127
M13	SW S. 37, AT S. 44, SA1 S. 146, SB S. 288

Biografien:

S. 256	INSA S. 40, WJB 1986 S. 313
S. 257	INSA S. 40, AT S. 2, HS S. 8ff
S. 258	INSA S. 40, WJB 1982 S. 304, AT S. 21
S. 259	INSA S. 40, WJB 1994 S. 268, R&F S. 141
S. 260	INSA S. 40, AT S. 2
S. 261	WNB S. 24
S. 262	WJB 1977 S. 245
S. 263	LB 08.08.1974 S. 11, R&F S. 144

LITERATURVERZEICHNIS

AB2	dtv-Atlas zur Baukunst, Baugeschichte von der Romanik bis zur Gegenwart, Band 2, Werner Müller/Gunter Vogel, München 1981
ADS	Architektur der deutschen Schweiz 1980-1990, ein Katalog und Architekturführer, Peter Disch, Verlag ADV, Lugano 1991
AH	Architektur und Handwerk, Elke Muchow, Media Verlag, Winterthur 1988
BiW	Bauen in Winterthur 1859-1984, zum 125jährigen Bestehen der Firma Lerch AG, Bauunternehmung Winterthur, Alfred Bütikofer, Winterthur 1984
DAM	Die Architektur der Moderne, eine kritische Baugeschichte, Kenneth Frampton, Stuttgart 1991
DSA	Du Mont's Schnellkurs Architektur, von der griechischen Antike bis zur Postmoderne, Eva Howarth, Köln 1993
HS	Hermann Siegrist, Siedlung Leimenegg, Arthur Rüegg und Ruggero Tropeano, Lehrstuhl Professor Dölf Schnebli, Institut GTA, ETH Zürich, Zürich 1982
INSA	Inventar der neueren Schweizer Architektur 1850-1920, Band 10 (Winterthur, Zürich, Zug), Orell Füssli, Zürich 1992
KZ	Führer durch den Kanton Zürich, Winterthur und Umgebung, Zürcher Kantonalbank, Viktor Schobinger, Zürich 1992
MS	Materialien Sulzer, Lehrstuhl Mario Campi, Architekturabteilung der ETH Zürich, Jahreskurs 1990/1991, Zürich 1990
MW	Materialien Winterthur, Lehrstuhl Mario Campi, Architekturabteilung der ETH Zürich, Jahreskurs 1990/1991, Zürich 1990
R&F	Rittmeyer & Furrer, eine Architektengemeinschaft zwischen Jugendstil und "Neuem

	Bauen", Heimatschutzgesellschaft Winterthur, Winterthur 1986
SA1	Schweizerischer Architekturführer 1920-1990, Nordost- und Zentralschweiz, Christa Zeller, Werk Verlag, Zürich 1994
SB	Siedlungs- und Baudenkmäler im Kanton Zürich, ein kulturgeschichtlicher Wegweiser, Direktion der öffentlichen Bauten des Kantons Zürich, Verlag Th. Gut & Co., Stäfa 1993
SW	Die Siedlungsstadt Winterthur, Schweizerischer Kunstführer, Gesellschaft für Schweizerische Kunstgeschichte, Hans-Peter Bärtschi, Bern 1989
SW20	Die Stadt Winterthur im 20. Jahrhundert, eine Chronik mit begleitenden Texten, Neue Helvetische Gesellschaft Winterthur, Hans Schaufelberger, 1991
WiU	Winterthur - Industriestadt im Umbruch, Hans-Peter Bärtschi, Wetzikon 1990

Periodika, Tageszeitungen:

AT	Archithese 6-83, In zweiter Linie...!, Winterthur 1924-1945, Zeitschrift und Schriftenreihe für Architektur und Kunst, FSAI, Niederteufen
IH	Ideales Heim, Zollikofer AG, St. Gallen
KS	KS-Info, Informationsstelle der Schweizerischen Kalksandstein Fabrikanten, 8340 Hinwil
LB	Der Landbote, Ziegler Druck und Verlag, Winterthur
NWT	Neues Winterthurer Tagblatt, Druckerei Winterthur, Winterthur
SBZ	Schweizerische Bauzeitung, Wochenschrift für Bau-, Verkehrs- und Maschinentechnik. Organ des SIA und der GEP, Zürich 1883-1978
SIA	Schweizer Architekt und Ingenieur, Schweizerische Bauzeitung, offizielles Publikationsorgan SIA, GEP, ASIC, Verlags AG der akademischen technischen Vereine, Zürich
WBW	Werk, Bauen und Wohnen, Werk Verlag, Zürich
WJB	Winterthurer Jahrbuch, Druckerei Winterthur, Winterthur seit 1954
WNB	Winterthur und das "Neue Bauen", ein Führer zur Architektur der 1920er und 1930er Jahre, Patrick Hönig, Baudoc-Bulletin 5-6, 1996

FOTONACHWEIS

Elvira Angstmann, Männedorf	B5
Hans Binder	F2
Balthasar Burkhard	J7
COMET Photo AG, Zürich	C9, M1
Thomas Cugini, Zürich	B4
Iva Dolenc	E3
Peter Engler	K7
H. Finsler	Umschlag
M. Fischer, Zürich	G10
Fotofachklasse der Schule für Gestaltung, Zürich	A1, A3, A4, A5, A8, A10, B1, B6, B7, C4, C5, C7, D1, D3, D6, E2, F1, F4, F5, F7, G2, G6, G8, G9, H2, H3, H5, H6, J1, J3, J4, K1, K2, K5, K6, K10, L2, L3, L4, L5, L6, L7, M2, M4, M5, M6, M12
Geilinger Archiv	G7
GTA Archiv der ETH, Zürich	C1
H. Hasler, Schaffhausen	J6, K8
Werner Heim	F8, K13, M11
Heinrich Helfenstein, Zürich	M8
Hochbauamt der Stadt Winterthur	C8
Ralph Hut, Zürich	D5, J8
Barbara P. Kopp, Biel	B2
Peter Kunz	C6

Lerch Archiv	K12
Hans und Hermann Linck	D7, G7, M13
Roland Meier	D2
Daniel Oederlin	A7, D8, F3, F6, F9, J2, J5, K11, M9
Hermann Arthur Reinhart	G1
Rieter Archiv	H4
Ulrich Scheibler	C8
Thomas Schneider	L1
Urs Siegenthaler, Zürich	M3
Michael Speich	A9, F10, H1
Stadtbibliothek Winterthur	A2, A6, B3, C2, C3, D4, D7, G3, G4, F10, K3, K4, K9, K12, M1, M7, M10, S. 256-263
Sulzer Archiv	G5
Reinhard Zimmermann, Zürich	E1

KONTAKTADRESSEN

Gilbert Brossard, Architekt ETH
brossard architekten
Gewerbestrasse 1
8404 Winterthur
052/233 53 30

Forum Architektur Winterthur
Technikumstrasse 81
Postfach 614
8402 Winterthur

Verkehrsverein Winterthur
Bahnhofplatz 12
Postfach
8401 Winterthur
052/212 00 88

vdf Hochschulverlag AG an der ETH Zürich
ETH Zentrum
8092 Zürich
01/632 42 42
WWW: http://vdf.ethz.ch

Daniel Oederlin, Architekt ETH
Wylandstrasse 14
8400 Winterthur
052/213 44 69
E-Mail: doederlin@logon.ch